Memoire Complet: Sur La Culture De L'Olivier, La Maniere De Le Tailler Pour Qu'Il Rapporte Annuellement Des Fruits En Quantite Plus Egale

Abbe Couture

MÉMOIRE

COMPLET

Sur la culture de l'Olivier, la maniere de le tailler pour qu'il rapporte annuellement des fruits en quantité plus égale, la meilleure maniere d'extraire l'Huile des Olives tant pour la quantité que pour la qualité, avec une notice des différens noms qu'on donne à chacune des différentes especes d'olives dans les différens lieux de la Provence.

Ab his [phocenſibus] galli agrorum cultus didicerunt.....
Tunc olivam ſerere conſueverunt.

Juſtin. lib. 43ᵈ

Nunc tam culta, tam opima ſunt provinciæ oliveta,
Ut eam palmam nulli locorum ſimus conceſſuri.

Guernay

Provinciæ Maſſilienſis annales. pag. 636.

---

qui a obtenu le ſecond acceſſit.

Par M. l'Abbé COUTURE, Curé de Miramas.

A AIX,

De l'Imprimerie de JEAN-BALTHAZARD MOURET, fils, Imprimeur du Roi, & de l'Académie.

Et ſe trouve à Marſeille,

Chez SUBE & LA PORTE, Libraires de l'Académie, à la Canebiere.

M. DCC. LXXXIII.

MÉMOIRE

COMPLET

Sur la culture de l'olivier, la maniere de le tailler pour qu'il rapporte annuellement des fruits en quantité plus égale, la meilleure maniere d'extraire l'huile des olives, tant pour la quantité que pour la qualité, avec une notice des différens noms qu'on donne à chacune des différentes especes d'olives dans les différens lieux de la Provence.

L'OLIVIER, symbole de la paix & de l'abondance, est un arbre de moyenne grosseur, orné, en hiver comme en été, de feuilles vertes au-dessus & blanches au-dessous ; elles sont pointues, dures, épaisses, & d'un goût un peu amer. Elles sont plus ou moins longues, plus ou moins larges, toujours suivant les especes diverses, & presque semblables à celles du saule. On les trouve entieres, sans dentelures, & opposées les unes aux autres sur les pousses. Le tronc de cet arbre est noueux, de médiocre grosseur ; on employe son bois, beau, dur, & ondé pour les ouvrages des tourneurs & des ébenistes. Il brûle verd comme sec. Cet arbre pousse des rejetons de sa souche, on la distingue du tronc. De cette souche partent quantité de grosses racines fort tendres, qui s'étendent bien loin ; elle est toujours alimentée par plu-

A 2

fieurs petites racines , qu'on appelle la *barb*e , ou *le chevelu* de l'olivier. L'écorce du tronc & des branches est unie, liffe , & de couleur cendrée, quand l'arbre eft encore jeune. Cette écorce fe gerce, fe noircit, quand l'olivier avance en âge ; fes petites branches confervent toujours leur couleur cendrée. Il commence de pouffer fes feuilles nouvelles, au mois d'Avril & il abandonne fes feuilles furannées , au mois de Mai. Peu-à-peu il continue de fe dépouiller , jufqu'à ce que fon fruit foit mur ; alors il n'eft plus chargé que de feuilles nouvelles, qu'il conferve jufqu'au mois de Mai fuivant.

Au mois d'Avril l'olivier pouffe de petites grappes, qui s'étendent par petits bouquets fortans de l'aiffele des feuilles. Ces grappes font chargées de plufieurs petits boutons , qui ne s'épanouiffent qu'à la fin de Mai & au commencement de Juin. Ces fleurs font blanches , d'une feule piece , évafées en haut & fendues ordinairement en quatre , quelquefois cinq , & très-rarement en fix parties égales ; elles font retrecies par le bas en tuyaux ; dans l'intérieur de chaque fleur, on trouve deux petites étamines jaunes , & un piftil compofé d'un embryon arrondi , & d'un ftyle fort court. La fleur tombe quelques jours après qu'elle s'eft épanouie : l'embryon devient un fruit charnu, ovale, plus ou moins alongé, dur & uni dans lequel fe trouve une amande qui contient le germe de l'olivier. A la fin de Juin on peut à peine appercevoir l'olive tant elle eft petite ; elle eft verte jufqu'en Octobre ; alors ce fruit devient graduellement pâle , luifant , jaune , rouge & enfin noir lorfqu'il eft mûr. Il eft plus ou moins gros, fuivant les efpeces diverfes , les différentes faifons , & les terrains ou on les cultive. Ce fruit orne nos tables , & produit l'huile la plus précieufe.

On n'a que de foibles idées , des idées fauffes d'un

arbre, qui fait la beauté de nos campagnes, & la richesse de nos Cultivateurs. Le jardinier de Celsea au mot *olea*, & tant d'autres auteurs ne considérent l'olivier que comme arbre de serre, ou d'espalier, dont les curieux cultivent quelques pied dans leurs jardins. Ce n'est guere en effet que sous ce point de vue que l'olivier est connu de tous nos écrivains. Je n'en excepte pas même l'Auteur du Mémoire imprimé à Paris en 1769 qu'on attribue à M. Sieuve de Marseille, & que je croirois volontiers la production d'un Auteur de nos Provinces septentrionales.

L'Académie des Sciences de Marseille, à qui seule il appartient de connoître & de juger ces sortes d'ouvrages, non pas précisément parce qu'elle est en pays d'oliviers, mais plus encore parce que les anciens Marseillois nous ont appris à les cultiver, s'il est vrai toutefois que les Phocéens aient apporté les premiers plançons qui ont ombragé nos côteaux & nos vallées. Cette savante Académie demande » un Mé- » moire complet sur la culture de l'olivier, quelle » est la meilleure maniere de le tailler pour qu'il » rapporte annuellement du fruit en quantité plus » égale; la meilleure maniere d'extraire l'huile des » olives tant pour la qualité que pour la quantité; » & une notice des différens noms qu'on donne à » chacune des especes d'olives, dans les différens lieux » de la Provence. »

Né dans un pays, dont la récolte principale consiste en huile d'olive, j'entreprend un Mémoire sur ce fruit & sur la culture de l'arbre qui le porte, avec d'autant plus de confiance, que je n'écris qu'après une expérience de trente années.

Dès ma plus tendre jeunesse mon pere, qui cultivoit cet arbre dans son petit champ, m'apprit a en avoir soin; j'ai donné toute mon attention à multiplier mes oliviers, à les faire produire, &

à tirer de leur fruit tout l'avantage poffible.

Je n'ai jamais pénétré dans le fanctuaire de la nature, je n'ai pas cherché à connoître la feve des végétaux, fon action, fon cours, fon jeu, ni fes divers mouvemens. Je n'ai pas examiné comment l'arbre afpire, ni comment il pompe fon fuc par le moyen de fes racines, & je ne fai pas quelles font les fonctions particulieres de celles-ci.

Lorfque j'ai voulu examiner ces Phénomenes, mes yeux bornés ne m'ont montré partout que ténébres & nuages ; partout j'ai rencontré des voiles obfcurs, des énigmes & des difficultés infurmontables. Je fai, & je me borne à favoir, qu'une longue expérience doit rendre un cultivateur le fidele dépofitaire des fecrets, & l'obfervateur de la nature, l'économe & le difpenfateur de fes tréfors infinis, quelquefois fon conducteur, & fon guide. Je fai qu'il faut qu'il regne entre elle & lui un heureux concert ; fans la coopération de la nature, l'art échoue ; fans le fecours de l'art la nature brute & groffiere languit, & fouvent ne produit que des ronces.

Dans le Mémoire que je préfente, je me fuis propofé moins l'agrément que procure un terrain bien planté & orné de quantité de beaux arbres, que l'abondance, qui eft le prix du travail & de l'induftrie. Je parle d'abord de la culture de l'olivier, de la meilleure maniere de le tailler pour qu'il rapporte annuellement du fruit en quantité plus égale ; enfuite de la meilleure maniere d'extraire d'huile ; je donnerai enfin une notice des différens noms qu'on donne à chacune des efpeces d'olives de la Provence, autant qu'il m'a été poffible de m'en inftruire.

CULTURE DES OLIVIERS.

La Culture des Oliviers confiste à les multiplier, à les planter, à enter les plans sauvages, à les labourer, à les fumer, à les tailler, à connoître & guérir leurs maux, à en cueillir le fruit & à en extraire l'huile. Je traiterai tous ces objets divisés en autant d'Articles.

ARTICLE PREMIER.
Multiplication de l'olivier.

ON peut multiplier l'olivier de plusieurs manieres ; en faisant des pépinieres : On seme alors des olives bien mûres, ou on enterre de petits éclats des souches des oliviers ; on peut planter aussi de petits rejetons qu'on tire de ces mêmes souches avec leurs racines. On recommande de choisir pour ces pépinieres, un champ bien abrité, une terre presque noire, sustantielle, & labourée de trois pieds de profondeur. On recommande encore de la labourer tous les mois, de les amander tous les ans en automne, avec du fumier de chevre ; de les arroser d'eau de pluie pendant les chaleurs & de les transplanter à demeure dans la cinquieme année.

Dans la pratique nous ne nous servons gueres en Provence de la premiere maniere de multiplier l'olivier ; ce seroit perdre son temps & sa peine. Nous n'employons pas des plançons si chetifs, si foibles & d'une espérance si éloignée.

Les noyaux levent fort lentement, & ne donnent qu'un plan sauvage ; quoiqu'on ait eu la précaution de ne semer que des olives d'une espece franche. Les pépinieres des éclats & des petits rejetons des souches de l'olivier, fournissent moins lentement des nouveaux sujets qui seront francs, pourvu qu'on ait foin de femer dans les pépinieres , des fouchets (c'eſt ainſi que nous appellons les petits éclats des fouches meres) & des rejetons tirés d'un arbre franc juſqu'à la racine. Mais toutes ces pépinieres ne fourniroient que des fujets petits , foibles , & languiſſans. J'en connois qui ſont faites depuis l'hiver de 1778 , placées dans de fort bonnes terres ; les plançons les plus vigoureux n'ont pas encore un pouce d'épaiſſeur , combien de temps ne faudra-t-il pas pour les placer à demeure ? J'ai lû dans quelques ouvrages que l'olivier vient par bouture & par marcotes. Je n'ai jamais vu marcoter nos oliviers , les boutures ne réuſſiſſent pas trop heureuſement.

Je multiplie l'olivier par fouchet , par rejetons , & par pieds. Quand je me fers de fouchets , je choiſis ceux qui ſont les moins meurtris , qui ont de ces petites racines , qu'on appelle *chevelu* , péſant pour le moins 3 à 4 livres. Je les place à demeure , je les couvre d'abord de quatre à cinq doigts de terre , que je choiſis bonne & légere , j'ai foin de remuer cette terre après les pluyes pour empêcher que la terre en fe deſſéchant ne forme une croute que les rejetons de ces fouches auroient de la peine à percer ; & à meſure que ces rejetons groſſiſſent , je remplis le trou de terre. J'ai foin peu-à-peu de retrancher le nombre de rejetons de chaque fouchet ; enfin je n'en laiſſe qu'un feul pour former l'arbre. Je choiſis toujours le plus vigoureux. J'en ai eu pluſieurs qui , plantés de cette maniére , ont bien réuſſi ; mais ils pouſſent fort lentement , & je ne me fers des fouchets qu'à défaut de rejetons. Ceux-ci fe multiplient ordinairement quand on coupe quelques pieds d'olivier après un hiver rude qui les a tués , ou pour foulager l'arbre furchargé d'un trop grand nombre de ces pieds. Je les coupe un demi pied en terre juſqu'à la fouche mere , elle pouſſe nombre de beaux & vigoureux rejetons. J'ai foin de les élaguer de temps en temps , & je les plante à demeure cinq ou fix années après. Voilà nos pépinieres! ces fujets qui tiennent à la fouche-mere font plus beaux, plus fains , plus vigoureux, que fi je les avois tirés pour les mettre en pépiniere. En les levant, j'ai la précaution de prendre toute la fouche nouvelle & une partie de la fouche-mere. C'eft d'elle que ces plançons pouffent leurs nouvelles racines , ils en tirent leur principale fubftance & toute leur vigueur. Telle eft la véritable population de l'olivier , & fi jamais cet arbre précieux vient à périr entiérement, ce fera pour avoir négligé ce moyen (a). Je blame les cultivateurs qui deftinent au feu de belles & groffes fouches d'olivier, qu'ils arrachent ; ils fe privent ainfi de l'efpérance d'avoir bientôt des beaux plançons qu'ils pourroient vendre ou placer dans leur fol. Je loue ceux qui ont l'attention de laiffer dans la terre les reftes de la fouche-mere , qui n'ont point été néceffaires aux plançons qu'ils ont déja levés ; ces reftes pouffent d'autres plançons , qui feront en état d'être plantés à demeure quelques années après.

Une troifieme méthode de multiplier l'olivier , la plus prompte, la plus avantageufe, c'eft de planter un pied d'olivier. On trouve dans plufieurs pays des oliviers montés fur trois, quatre, cinq pieds , & même d'avantage. De temps à autre on en fupprime pour donner plus de force & de vigueur à ceux qui reftent, on a foin de les lever de terre avec leur fouche mere : & , pour peu que la terre où on les tranfplante foit bonne, ils pouffent avec vigueur de belles branches, qui donnent bientôt du fruit. Mais ces pieds font bien rares , & il eft difficile de s'en procurer.

(a) M. la Brouffe , pap. 20.

ARTICLE II.

Plantation de l'Olivier.

IL eſt eſſentiel de ne planter aucun olivier qu'on n'ait auparavant ouvert un trou de quatre pieds en tous ſens ; principalement ſi la terre eſt forte , argileuſe , ſi on trouve du tuf , des pierres : une des raiſons par leſquelles les oliviers languiſſent quelques années après leur plantation , c'eſt le défaut d'ouverture & de profondeur des trous , dans leſquels on les a plantés. Les filets qui ſe forment à leurs ſouches , leurs racines ſont extrêmement tendres , ils percent difficilement une terre compacte & dure ; & l'humidité ne peut pénétrer cette eſpece de plancher , ſur lequel on place un plançon d'olivier , perſonne n'ignore que durant les chaleurs un jeune arbre ſouffre prodigieuſement ; il faut alors que les racines puiſſent fournir une humidité qui adouciſſe & qui tempere ces chaleurs exceſſives. Quand l'arbre a été planté dans un trou large , & profondément creuſé , elles ſont plus en état de le ſecourir , il n'eſt pas tant fatigué des ſéchereſſes & il réſiſte mieux aux ardeurs brûlantes du ſoleil.

Si le terrain eſt borné , je me conforme au local dans un champ libre , je plante a égale diſtance , j'alligne bien mes arbres , je les diſpoſe de façon que leurs allées auſſi variées que les faces , partagent en tous ſens , coupent , & varient agréablement le terrain , ce que nos Payſans appellent planter au grand & petit galis.

Il n'eſt point de regle fixe pour la diſtance que doivent avoir entr'eux les oliviers. Voici ce que je pratique à cet égard. Dans les terres ſeches & maigres , je les place à 25 pieds de diſtance ; à trente, dans les bonnes terres : & dans les meilleures, dans les terres graſſes & humides, les *Saurins* doivent avoir de 40 à 50 pieds de diſtance de l'un à l'autre. Il ſeroit bon de ne planter dans ces ſortes de terres que des oliviers de cette eſpece ; parce qu'elle eſt la plus gourmande, que cet arbre eſt beaucoup plus gros que les autres oliviers, & que ſeul il ſe plaît dans un ſol aquatique. L'expérience nous apprend qu'il ne faut pas planter les oliviers des autres eſpeces dans un terrain humide ; ils périſſent, après avoir long-temps langui. Le Saurin au contraire, planté dans ces ſortes de terrains, pouſſe, & ſe charge merveilleuſement de fruits, tandis que dans un ſol ſec, cette eſpece en donne peu, & le peu de fruit qu'elle donne, trop petit, trop ſec, pour être confit, eſt d'une modique production.

J'ai ſoin d'ouvrir mes trous, deux ou trois mois avant ma plantation, pour que la terre expoſée aux pluies, à l'air, au ſoleil, perde de ſa crudité, & ſe bonifie.

Comme une forte gêlée pourroit faire périr mes plançons, j'évite de les planter en automne. Je ne plante jamais dans une terre enſemencée. Moins encore dans un ſol inculte, je laboure ſouvent ma nouvelle olivette, j'en tiens la terre bien meuble, je laiſſe paſſer deux ou trois ans avant de la ſemer, j'ai beſoin de toutes ces précautions, ſi je veux que mes jeunes plans pouſſent & pullulent bien. Dans des terrains ſecs, je me preſſe de planter à la fin de l'hiver, ou au commencement du printemps ; dans des fonds humides, ou que je puis facilement arroſer, j'attend que l'arbre commence d'être en ſeve, il pouſſe plus vite, & ſes nouvelles branches ſont plus belles, & mieux nourries.

Je leve mes plans au moment où je veux les planter. Je me rends à l'olivette, d'où je les tire. J'obferve , & j'examine d'abord fi l'arbre eft d'une efpece franche, ce qui fe connoît aifément aux branches , & aux feuilles ; je rejette les plans fauvages. J'examine encore fi le pied eft rond , d'une écorce unie , vive & luifante : ce qui prouve qu'il eft jeune & vigou-reux. S'il eft languiffant , vieux , d'une écorce gercée, rempli de nœuds, de playes , de calus , de bleffures , ou de froiffures , & que l'écorce foit rude & noirâtre ; je les rebute , il n'eft bon que pour être coupé juf-qu'à la fouche , pour qu'elle pouffe de nouveaux re-jetons. Je rebute encore un plançon qu'on auroit couronné l'année précédente , pour le forcer à donner du fruit en plus grande quantité ; l'expérience m'a appris , que ces plans , épuifés par cette couronne & par la trop grande quantité de fruit , ne pouffent que des branches minces toujours languiffantes , & qu'ils réuffiffent rarement.

Quand à la fouche de mon plançon , j'examine s'il ne s'y trouveroit pas quelque partie morte ou ma-lade , rongée de vers , attaquée de chancres , ou pourrie. Dans tous ces cas , je retranche tout ce qui eft défectueux.

Un arbre tranfplanté ne prend de nourriture que par les racines qu'il a pouffées , depuis qu'il eft planté. Elles font comme autant de bouches , par lefquelles il reçoit l'humeur nourriffiere de la terre , & non par les petites racines qui forment le chevelu de l'ar-bre ; loin de les conferver ces petites racines , je les coupe jufqu'à la fouche , parce qu'elles fe fèchent , fe moififfent , & qu'elles nuifent à l'arbre au lieu de l'aider. Nous devons cette découverte à M. la Quintinie , le plus habile homme du fiecle paffé dans l'agriculture.

Je coupe la fouche de mon plançon par-deffous , d'une maniere horifontale , nette , & unie ; cette maxime eft fondée fur ce que la playe faite à la souche, se referme plus aisément quand elle répond directement à la terre sur laquelle elle repose, que si elle se trouvoit sur les côtés. De plus une souche saine, & sans playe au pourtour, pousse de tout côté des racines, qui contribuent à sa vigueur & à sa beauté.

Si la souche de mon plançon n'est saine que d'un côté, & que de l'autre elle ait été mutilée, j'observe en plantant mon olivier, que le côté mutilé soit tourné au midi, quand je plante en plein vent; si je plante mon arbre contre un mur, ou contre un rocher, &c.... Je pose son côté mutilé contre ce rocher, contre ce mur. La raison de mon opération est simple : l'arbre pousse toujours de branches plus fortes du côté où sa souche est saine, parce que de ce côté-là, ses racines sont en plus grand nombre, plus vigoureuses, & qu'elles fournissent plus de nourriture aux branches, qui leur répondent. Les branches les plus fortes, les mieux nourries se trouvent donc ainsi au nord de l'arbre, & comme elles se portent naturellement vers le midi, elles formeront plus facilement une belle tête. Par la même raison quand je plante contre un roc, contre un mur, comme j'attend une belle tête du côté opposé à ce mur, ou à ce roc ; je place de ce côté la partie la plus saine de la souche de mon arbre. Il est bon de prévenir avec attention ces meurtrissures ; on les fait ordinairement quand on leve les plançons. Voici une méthode singuliere que j'ai vu pratiquer. On dégageoit au pourtour de la souche, le pied qu'on vouloit transplanter : puis on y atteloit une couple de mulets, qui le renversoit & le tiroit sur terre. On avoit ainsi la souche saine & dans son entier. Les plans ainsi levés ont donné de fort beaux oliviers, qui portent du fruit en abondance.

Je plante l'olivier plus avant dans les terres légeres

& féches, que dans les tetres fortes & humides ;
parce que ces terres légeres font plutôt defféchées
par le foleil , & que fes racines feroient d'abord
brûlées , fi elles n'étoient pas plus avant que dans
les terres fortes & humides. Dans celles-ci les racines
fe reffentent difficilement des rayons vivifians du
foleil , fi elles ne font pas à portée d'éprouver fon
influence , elles ne fourniffent à l'arbre qu'une feve
crue, qui n'eft pas propre à nourrir le fruit : quoiqu'elle faffe pouffer beaucoup de bois, & de fort belles
feuilles.

J'obferve de ne pas planter trop profondement dans
les terres mêmes feches ; parce que , fi les pluies pé-
nétroient difficilement jufqu'à la fouche des arbres
nouvellement plantés , ils périroient deux ou trois ans
après leur plantation. Ce qui arrive prefque toujours
lorfque l'arbre eft planté à plus de deux piés & demi
de profondeur.

Rien de plus rare que de voir profiter un ólivier
planté à la même place, où un autre a péri. Il faut
avoir la précaution d'ouvrir un trou plus grand que
d'ordinaire , & d'en renouveller toute la terre. Il faut
avoir la même précaution, quand on plante un arbre
à la place d'un autre, quoiqu'arraché vivant. Il eft bon,
il eft facile de remplir ces trous, de la terre prife fur
la fuperficie. Cette terre eft cuite & digérée par le
foleil ; elle eft bonifiée par les influences bénignes
de l'air ; il eft même très - avantageux de laiffer ces
trous ouverts pendant une année.

Quand je plante mon olivier, je tire du trou toute
l'eau , qui pourroit s'y trouver. J'y mets deux pieds de
bonne terre , ce trou eft profond de quatre pieds ;
par-deffus cette nouvelle terre je pofe mon arbre bien
droit, je couvre enfuite fa fouche avec la terre de la
fuperficie, je fais enforte qu'il n'y ait point de jour ,
j'en éloigne les pierres , je brife les mottes. Quand

J'ai mis de la terre jufque par-deffus la fouche, je remue un peu mon arbre, je le fouleve, pour que la terre s'infinue bien fous fa fouche. Je laiffe la terre meuble, je la foule feulement autour de fa fouche, avec la main, & avec la houe; rien de plus meurtrier que de plomber la terre avec les pieds, elle fe durcit comme le plâtre, furtout fi elle eft humide; & les racines foibles & tendres de ces jeunes arbres ont de la peine à percer à travers cette croute. J'éloigne de mes plançons les mauvaifes herbes, les plantes nuifibles & furtout le chiendent.

Avant de planter mes arbres, j'en coupe entiérement la tête, je ne leur laiffe ni branches ni rameaux, pas même les pouffes de l'année précédente. Ils donneront plus vite & nourriront mieux les nouvelles branches.

La vigueur du plançon me décide pour la hauteur de fa tige, par l'ordinaire je lui donne deux, trois ou quatre pieds fur terre fuivant fa groffeur. Je ne coupe, la premiere année de ma plantation, aucune pouffe de mes arbres, pour ne pas déranger la feve : à la feconde, je coupe toutes celles qui ne font pas à deux pieds fur terre. Je ne touche aux branches qu'à la troifieme année, je les conferve prefque toutes, & me borne à les élaguer. Enfuite je coupe le tronc de mon jeune arbre immédiatement par-deffus les branches que je deftine pour former la tête de l'olivier. Cette feconde playe eft moins dangereufe que celle qu'on avoit faite lors de la plantation, la feve ira à fon fecours, elle fe couvrira plus facilement & ne fera point cariée comme la premiere.

Ces nouvelles olivettes demandent beaucoup de foins & de cultures. Il faut furtout en éloigner les chevres; n'y laiffer paître les ânes, les mulets, les brébis, que quand il y aura une herbe capable de les fixer, il feroit mieux de détruire ces herbes par des labours multipliés. Nous avons déja obfervé, qu'on ne doit point y femer les premieres années, fi l'on veut former des olivettes belles & fertiles.

» Les oliviers, les vignes, ou d'autres arbres plan-
» tés dans le même terrain, *preffés les uns contre les*
» *autres*, fe détruifent réciproquement, & par leur
» peu de productions, font repentir les cultivateurs de
» les avoir ainfi plantés » (a). Je connois des olivettes,
de trois allées où on a été forcé d'en arracher une :
jufqu'alors tous ces arbres étoient ftériles, aujourd'hui
les deux tiers, qui ont reftés, après cette coupe, produifent abondamment.

Je ne faurois cependant profcrire quelques excep-
tions de cette regle trop générale. Propriétaire d'une
vigne vieille, je ne veux pas encore l'arracher : parce
qu'elle me donne une récolte, dont j'ai befoin. Je ne
veux pas auffi laiffer à mes enfans un bien ruiné, un
bien perdu & épuifé par tant de fouches, qu'il faudra
enfin arracher. Je plante des oliviers dans les ourieres
de terre, & quand mes enfans feront forcés d'arracher la vigne, ils auront un beau verger d'oliviers, qui
leur donneront une ample récolte ; je ne vois ici qu'une
plantation fage.

J'ai une terre vierge, peu propre à porter du grain :
l'olivier & la vigne y poufferoient bien, fi je n'y plante
que des oliviers, ils me feront languir pour me donner une récolte néceffaire ; j'oublie mes enfans, je ne
plante que pour moi, fi je me borne à y planter des
vignes ; je marie la vigne à l'olivier, & je plante ainfi
pour mes enfans & pour moi. Mon terrain eft ren-
fermé dans des limites étroites ; l'huile, le vin me
font néceffaires, je puis en avoir dans mon petit fol.

(a) M. la Brouffe, pag. 18.

Pourquoi

Pourquoi dois-je me priver de l'une, ou de l'autre récolte.

Souvent on rencontre des vergers d'olivier, & d'amandiers alternativement complantés dans un même terrain. Le propriétaire varie ainſi ſa récolte ; quand l'une lui manque, il obtient l'autre.

Il eſt des ſols ſi gras, ſi fertiles, qu'ils ſont complantés d'oliviers & de vignes par ourieres, on fait plus, on ſeme encore les ourières de terre où ſe trouvent les oliviers, & dans une même année ces ſols -donnent trois récoltes principales. Ces terres ſont rares, on les cultive ſans regle & ſans meſure.

Il y en a qui par une mauvaiſe méthode, oſent convertir le ſol des olivettes en prés. Les arbres qui s'y trouvent, ſouffrent beaucoup de la grande humidité, qui ſouvent fait pourrir leurs racines & leurs ſouches, & toutes ces herbes qui fourniſſent le foin, nuiſent cruellement à ces arbres infortunés.

L'olivier ſe plaît dans une terre douce, médiocrement graſſe & un peu ſabloneuſe, qui tient le milieu entre les terres fortes & les terres légeres. Quand il eſt planté dans des terrains argilleux, ſon fruit produit peu d'huile, qui n'eſt pas de la plus belle ni de la meilleure qualité. L'olive a plus de goût, elle donne une huile plus belle & d'une qualité plus rare, comme l'arbre eſt planté dans une terre maigre & ſeche, ce qu'on n'a pas dans une terre graſſe, forte ou humide.

Je tache d'adoucir & de rendre ma terre moins mauvaiſe, quand elle a quelque défaut. Eſt-elle graſſe ? Je l'allege. Quant aux terres maigres & aux légeres, je les remonte & leur donne du corps. A l'égard des terres humides & froides, je les deſſeche, je les échauffe, je les ranime.

1°. Pour alléger les terres trop graſſes, & affoiblir leurs ſucs trop ſubſtantiels, je me ſers de gazons, je les jette au fond du trou en mettant l'herbe deſ-

fous & les racines deſſus. Je fais divers lits juſques
à la moitié du trou. A défaut de gazon, je me ſers
de mort-bois, je l'emplois coupé bien menu & mêlé
avec de la terre légere. Ces gazons, ces mort-bois
produiſent un ſuc doux, bénin, dont les oliviers s'ac-
commodent avec plaiſir. Ils durent dix, douze, quinze
ans ſans être entiérement conſommés & pourriſſent
fort lentement. Quand le trou eſt à demi rempli, j'y
mets mon plançon, que je couvre enſuite de terre du
premier lit, cette terre a des qualités avantageuſes
que lui procurent les pluyes, les influences de l'air &
les engrais. Ce premier lit de bonne terre eſt plus ou
moins profond, ce qui dépend des labours. Une terre
habituellement remuée juſqu'à la profondeur d'un
pied, vaudra plus que celle que la charrue ne déchire
que ſuperficiellement. Si le premier lit du ſol que je
plante ne vaut rien, je m'en procure d'un autre endroit où la terre eſt meilleure, & j'en remplis le
reſte du trou. La cendre pure, celle de leſcive, le
ſable des chemins & des endroits en pente, ſervent à
alléger les terres ainſi que les herbes & plantes ma-
rines.

2°. A l'égard des terres maigres & légeres, pour
leur donner de la ſubſtance & de la fécondité, j'emploie la vaſe des ruiſſeaux, les dépôts des eaux des
étangs, des marais, des ports, des mers; j'y fais
tranſporter de la terre forte, argileuſe, &c.... Je
ſupplée ainſi à la nature, & je donne de la force,
de la vigueur, à ce qui n'en a point.

3°. Je deſſeche & je chauffe les terres humides &
froides avec du platras, des décombres, des débris,
du fumier de chevre, de mouton, de garene, de
pigeon, du plâtre, de la chaux, &c.... Par ces divers moyens, dans une terre qui ne convient point
aux oliviers, viennent de beaux arbres qui portent
du fruit en abondance,

ARTICLE III.

Ente des Oliviers Sauvages.

PAR le moyen de la greffe, je force un olivier sauvage à me donner du fruit d'une espece franche. Je connois trois sortes de greffe : j'ente à *rameaux*, en *flute* & à *écusson*. Je ne parle point de l'ente à rameaux, ni de celle en flute ; parce que je ne me sers pas de ces deux especes de greffe pour enter mes oliviers, j'ai constamment employé l'ente à écusson. C'est la meilleure maniere d'enter cet arbre, & j'ose dire la seule usitée. J'ente toujours à *œil poussant* & jamais à *œil d'ormant*, de peur que le froid ne fit périr mon arbre. Ces deux entes se font de la même maniere, elles ne différent qu'en ce que celle-ci se fait en Août & Septembre, pour ne pousser qu'au printemps d'après ; au lieu que celle-là se fait au mois de Mai, & qu'elle pousse tout de suite.

Avant que l'olivier fleurisse, j'ente mon arbre sauvage ; je coupe sur le franc, dont je veux tirer la greffe, une branche jeune, unie, *chargée de boutons à fruit*, sur laquelle il y ait des yeux qui n'aient pas encore poussé. Je donne avec mon couteau, ou un canif, trois coups à l'écorce de l'arbre franc, le premier coup à travers de la branche par-dessous un œil ; à droite & à gauche de cet œil, je donne les deux autres coups, de façon que ces trois incisions forment une espece de triangle, dont la pointe soit en haut, & au milieu duquel se trouve un œil, qui ne leve point encore. Je tire l'écorce qui est dans ce triangle ; ce qui forme mon écusson. Je suppose mon arbre en seve, ce qui se connoît quand l'écorce se sé-

pare facilement du bois , fi elle y étoit adhérante ,
je renverois mon opération plus tard. Je fais fur le
fauvage , à l'endroit le plus uni de la peau , deux incifions , une horifontale & l'autre perpendiculaire en
forme d'un T renverſé (⊥). Je ſouleve l'écorce des
deux côtés , & j'infinue mon écuſſon entre le bois &
l'écorce , de ſorte que ſa partie inférieure réponde parfaitement à l'incifion horifontale du fauvage , qu'il en
occupe toute la plaie , & que les côtés de l'écorce du
fauvage recouvrent l'écuſſon juſqu'à l'œil. J'ai attention
de placer cet œil au milieu de l'incifion perpendiculaire. J'affujettis enſuite le tout par une ligature , que
j'enleve huit ou dix jours après.

On peut enter l'olivier à écuſſon en plufieurs manieres. Je fais trois incifions fur le fauvage , une horifontale , par-deſſous & à ſes côtés j'en tire deux perpendiculaires en forme d'un Π. Je ſépare du bois ,
l'écorce qui eſt entre ces trois incifions , de façon qu'elle
tienne toujours par le bas avec le reſte de l'écorce.
Je fais quatre autres incifions fur le ſujet franc , dont
j'ai choiſi l'eſpece , deux dans la longueur de la branche , & deux à travers. Je leve cette écorce , je l'applique contre le bois du fauvage , dont j'avois abaiſſé
l'écorce que je remets enſuite à ſon ancienne place ,
de maniere que l'écuſſon franc ſe trouve entre l'écorce
& le bois de l'arbre enté ; & afin que cette écorce
ne reprenne pas ſa feve & ſa communication avec l'é-
corce du fauvage , j'ai attention de mettre , entre mon
écuſſon & cette écorce , un corps étranger ; ordinairement je me ſers des feuilles d'olivier , parce que j'en
ai toujours ſous ma main. J'empêche ainſi que l'écorce
du fauvage ne prenne contre ſon bois ni contre l'é-
cuſſon que j'ai mis entre deux.

Autre maniere : je fais deux incifions horifontales
à la branche du fauvage , à la diſtance d'un pouce ,
l'une fur l'autre , & au milieu je tire une perpendicu-

laire, ce qui me donne cette figure ⊐⊏ j'ouvre l'écorce
qui se trouve à gauche & à droite de cette perpendiculaire, je place sur le bois & sous l'écorce du sauvage, l'écusson du franc. J'observe toujours de placer
l'œil du franc au milieu de la fente perpendiculaire.

Troisieme maniere : après avoir étété mon olivier
sauvage, je tire simplement une fente perpendiculaire,
qui part de la plaie même, j'en releve l'écorce des
deux côtés, & j'insinue mon écusson entre l'écorce
& le bois. Dans toutes ces différentes manieres d'enter à écusson, j'emploie la ligature.

Mr. la Brousse (page 13) demande un écusson d'un
pouce & demi de longueur, sur un pouce de largeur,
sur ce grand écusson il souhaite deux germes, dans
l'espérance qu'il en réussira au moins un. Il veut encore qu'on enleve du sauvage un morceau de l'écorce
de la longueur & de la grosseur de cet écusson, qu'on
remplace par l'écorce du franc. Cette maniere d'enter,
dont je m'écarte bien peu, a des inconvéniens que
j'évite ; la plaie d'un pouce & demi sur l'écorce paroît un
peu trop grande, surtout si la branche entée est petite, si
elle est grosse, j'aime mieux y placer deux ou trois écussons, qui n'aient qu'un seul germe ; à défaut d'un écusson
l'autre réussira, & il sera entiérement sain. S'ils poussent
tous, je puis les laisser, parce qu'ils seront suffisamment
éloignés l'un de l'autre. Au contraire si un écusson avoit
deux yeux, s'il en laissoit mourir un, celui qui pous-
seroit seroit fort affoibli par le vide & la plaie qui
se trouveroit à l'écusson, à l'endroit où l'œil n'auroit
pas réussi ; cette plaie seroit plus grande, si l'œil manquoit en entier. Si les deux yeux levent, ils seroient
plus languissans & plus foibles encore, parce qu'ils
participeroient tous les deux & se nourriroient d'une
même seve, qui dans notre méthode fourniroit à un
seul ; celui-ci seroit nécessairement plus vigoureux, par
la raison qu'il seroit unique. Ces deux germes dans

un même écuſſon formeroient deux branches, bientôt elles feroient trop proches l'une de l'autre ; ſi j'en abât une, je fais une nouvelle plaie, quelle confuſion au contraire, ſi je laiſſe pouſſer deux branches-meres d'un même écuſſon ! De plus l'ente de Mr. la Brouſſe eſt expoſée à l'intempérie de l'air, à l'humidité, à la pluie, à la roſée du ſoir & du matin, aux cha-leurs brûlantes du ſoleil, aux vents nuiſibles & deſ-tructeurs ; ainſi à découvert, ſon écuſſon doit périr né-ceſſairement plutôt que celui que je place toujours entre l'écorce & le bois du ſauvage. Mon écuſſon, toujours récouvert de l'écorce du ſauvage, ſera mieux uni, mieux appliqué au bois auquel je veux qu'il adhere, que ſi j'ôtois cette écorce du ſauvage, écorce qui défend mon écuſſon de l'intempérie de l'air, des humidités, du ſoleil, & des vents.

Quand le ſauvage eſt monté ſur pluſieurs branches-meres, j'en conſerve trois, quelquefois quatre, ra-rement cinq : ce qui dépend de la diſpoſition des branches, de la vigueur de l'arbre. Je place ſur chaque branche divers écuſſons, & des pouſſes de ceux-ci je forme une belle tête à mon arbre. Je coupe avec ſoin & à différentes repriſes les pouſſes ſauvages : elles fairoient périr mon franc qui eſt étranger à l'ar-bre, il fourniroit plus volontiers ſa ſeve à ſes pouſſes ſauvages, qui lui ſont naturelles.

Je conſerve quelques pouſſes ſauvages pour ne point éventer la ſeve & pour l'amuſer, lorſque mes entes ont manqué de prendre à une ou deux bran-ches, & encore alors j'examine ſi je puis former une belle tête à mon arbre ſans le ſecours de ces branches, ſi elles me ſont néceſſaires j'ente ſur les nouvelles pouſſes, & même ſur les branches anciennes, lorſque j'y trouve une place propre pour faire cette opération. Je ne retranche ces branches que lorſqu'elles me ſont inutiles pour former mon arbre.

L'olivier que je veux enter ; eſt - il d'une certaine
groſſeur ? Je couronne ſes branches par-deſſus l'ente
enſorte qu'il n'y ait plus de communication entre l'é-
corce qui eſt par-deſſus l'ente , & celle de la branche
entée. Voici comment je fais ce couronnement : à
deux ou trois doigts au-deſſus de l'écuſſon , j'ôte cir-
culairement environ deux pouces de l'écorce du ſauvage, ce qui forme une eſpece de couronne ; d'où
vient le mot de *couronner un olivier.*

Je couronne auſſi les branches que je ne veux pas
enter. Cette méthode me procure de grands avantages ; les branches de mon ſauvage ainſi couronnées
portent du fruit en abondance , l'ente réuſſit plus facilement , il pouſſe avec vigueur , ſes branches nouvelles ſont à l'abri du froid & du vent , &c . . . . . .
dont la tête de l'arbre les garantit. Ces entes ne
ſont point noyées par une ſeve ſurabondante , puiſqu'outre les nouvelles pouſſes , elle alimente encore
les branches couronnées & une grande quantité de fruit.
Je ne retranche ces branches couronnées qu'au mois
d'avril de l'année ſuivante.

Je n'ente jamais à demi : c'eſt-à-dire , une branche
d'un côté, une branche de l'autre ; tandis que le reſte
de l'olivier reſteroit dans ſon état ſauvage , dans l'eſpérance de profiter de ſon fruit, juſqu'à ce que les
branches franches fuſſent en état de charger. Cette
pratique , que l'ignorance & l'avarice adoptent , di-
minue le produit de l'arbre enté , puiſqu'elle le prive
de quelques branches-meres ; celles-ci entées ſur franc ,
ſont d'une foible eſpérance , & d'un plus foible produit , en un mot tout languit dans un arbre à demi
enté.

Les eſpeces d'oliviers francs les meilleures ſont le
plant d'Aix , le plant de Salon & le plant d'Eguieres.
On les ente ſur les ſauvages & ſur pluſieurs autres

efpeces d'oliviers francs, qui produifent moins de fruit
& moins d'huile.

La méthode affez recommandée d'enter franc fur
franc a fes inconvéniens, je n'en vois pas les avantages. Elle prive le propriétaire pendant quelques années du fruit de fes arbres ; les arbres entés périffent
plus facilement par les froids, prefque tous les oliviers qui moururent en 1768, avoient été entés ; leurs
réjetons fauvages en font une preuve inconteftable.

Je greffe bien bas les réjetons, qui partent d'une
fouche fauvage. Je veux que la greffe foit enterrée,
quand ils auront été tranfplantés, par la raifon que fi
le froid tue ces plançons, leurs pouffes feront franches, & je n'aurai pas befoin d'enter leurs rejetons.

J'ai attention en plaçant mon écuffon de ne le point
renverfer deffus deffous. Ces greffes ne laifferoient pas
de prendre, les branches de ces écuffons renverfés fe
porteroient naturellement vers la terre ; par le moyen
de la taille je pourrois bien les rélever ; mais ils feroient toujours contre nature, & auroient une forme
défagréable.

On fe plaint tous les jours de ce que plufieurs greffes
d'une efpece franche ne donnent point, ou donnent
peu de fruit. Ces plaintes cefferoient bientôt d'être
fondées, fi l'on faifoit attention au fujet qu'on a choifi
fur le franc pour en tirer les écuffons, & à la maniere
dont on a traité ces entes, dans leur plus tendre jeuneffe. La premiere faute qu'un cultivateur peu attentif
commet, & elle eft prefque irréparable, c'eft de tirer
fes écuffons d'une branche gourmande. Cette forte de
branche n'eft pas faite pour donner du fruit : l'autre
faute confifte à laiffer pouffer la branche directe &
vérticale de chaque écuffon. Cette branche ordinairement fougueufe donnera des pouffes, qui feront trop
vigoureufes & qui formeront de véritables gourmands,
ils en auront d'abord la vigueur, & enfuite la ftérilité.

J'évite ces deux inconvéniens, en choisissant sur l'arbre franc des rameaux chargés de boutons ou de fleurs, j'en tire mes écussons ; & afin que les pousses de mes écussons ne se convertissent pas en gourmands , je retranche la branche directe & verticale de chaque germe, je ne laisse que les branches obliques & latérales , qui me donneront du fruit en abondance.

ARTICLE IV.

Labour des Oliviers.

LES oliviers aiment à être labourés qnelquefois dans l'année, ce n'est qu'à cette condition qu'ils promettent, & qu'ils donnent des fruits. Je n'en suis pas surpris, sachant que trois choses concourent essentiellement à la végétation des arbres ; le feu , l'air , & l'humidité renfermés dans le sein de la terre ; ces trois principes animent ses sucs , & fécondent les arbres qu'elle nourrit ; lorsqu'elle est durcie au-dessus, que l'air intérieur y est comme emprisonné , & que son humidité ne se renouvelle pas , ses arbres ne sauroient profiter, ou profitent bien moins , que lorsqu'elle sera douce & friable : or par le labour je brise , je mets en miette la superficie de la terre , ses pores s'ouvrent, l'air intérieur sort, l'humidité se renouvelle, le feu agit, le mouvement universel ne trouve aucun obstacle.

Je laboure ordinairement mes olivettes trois fois dans l'année , je fais mon premier labour aux mois de Février & de Mars , le second au mois de Mai, & le troisieme au mois de Juillet ou d'Août. Chaque fois je laboure en lignes droites & en lignes transversales. J'emploie la houe ou la bêche pour labourer le terrain , que la charrue n'a pû atteindre,

Quelquefois même je fuis forcé de houer ou de bêcher entiérement mes oliviers, c'eft lorfqu'ils font trop petits, ou trop mal placés pour pouvoir y faire entrer la charrue. Cette derniere culture eft beaucoup moins dif-pendieufe : mais le labour de la bêche ou de la houe eft infiniment meilleur. Ce feroit cependant une im-prudence très-difpendieufe que de donner un pied & demi, ou deux pieds de guêret aux oliviers. Ces arbres ainfi *facturés* fouffriroient beaucoup de la perte inévitable de la plus part de leurs racines. J'en ai vu fe dépouiller entié-rement de leurs feuilles aux premieres chaleurs d'été; on fut obligé de couper prefque toutes leurs bran-ches, ces oliviers ainfi ravalés eurent bien de la peine à fe rétablir. D'après cet exemple j'ufai de ménage-ment ; j'avois une propriété complantée d'oliviers & de vignes par ourieres ; la vigne étoit épuifée, il fallut l'arracher. Pour ménager les racines des oliviers comment faire ? J'arrachai alternativement une ouriere, & je laiffai l'autre ; mes oliviers foutenus par les ra-cines qu'ils avoient dans les ourieres reftantes, jette-rent de nouvelles racines dans ce profond guêret. Deux années après, & lorfqu'ils fe furent bien fortifiés par ces racines nouvelles, j'arrachai les autres ourieres de la vigne. Mes oliviers ne fe reffentirent point de la perte de leurs racines, parce qu'ils reftèrent toujours fuffifamment alimentés. Plufieurs cultivateurs fe font répentis de n'avoir pas fuivi cette méthode.

M. la Brouffe (pag. 6 & fuivantes) demande un quatrieme labour en automne ; & immédiatement après la cueillette des olives. Il regarde ce quatrieme labour comme le plus utile. Il prétend que la terre ainfi labourée fe refferre plus difficilement par les gêlées de l'hiver : que l'olivier reçoit une feve plus abondante & qu'il eft mieux en état de réfifter aux impreffions du froid. Il recommande cette cultu-re d'automne. Elle me paroît impoffible ; malgré tous les bras étrangers, qu'on emploie, on ne finit la cueillette des olives, qu'en Décembre, quelquefois en Janvier, & plus tard dans certains pays, après la cueillette il faut émonder les arbres, qui ont chargé, cette culture passe nécessairement avant le labour, il n'est donc pas possible de labourer les oliviers en automne & après la cueillette des olives. Cette culture, nuiroit peut-être à mes oliviers. Est-il vrai que ce labour mette en mouvement la seve de mes arbres ? dans ce cas j'aurois tout à craindre pour eux. Les premiers froids, les moindres gêlées faisoient infaillillement périr mes oliviers, du moins ils en seroient mal traités. C'est ainsi que j'ai vu mourir les plus beaux de mes oliviers, précisément ceux, qui étoient le plus avantageusement situés, par la raison qu'ils étoient en seve. Cette raison est avouée. » en général, » dit l'auteur (pag. 8) dont je rejette l'opinion, la » moindre gêlée, au printemps fait plus de ravage » dans nos compagnes que les froids les plus violens » en hiver *par la seule raison que les arbres alors* » *sont en seve* » & si des oliviers ont péri en hiver pour avoir été trop fumés, comme il arriva à M. *Choisity*, (ibid pag. 11) c'est précisément par la raison que ces arbres trop alimentés se trouverent en seve lors des froids. En hiver nos oliviers sont en létargie : autre raison de l'inutilité du labour d'automne.

La raison la plus ordinaire des labours d'hiver & du printemps, est la nécessité de détruire les mauvaises herbes : mais pour ce qui est du labour d'été, je le regarde comme le plus essentiel, l'objet de ce troisieme labour est le développement des sucs de la terre. Tant qu'elle est compacte, que ses parties sont unies, serrées, adhérantes les unes aux autres, l'air, le soleil, les rosées, les petites pluies ne peuvent pénétrer cette croute dure que le halé a for-

mé fur la fuperficie de la terre. Celle-ci eſt conféquemment privée de tous ces bienfaits. Les rayons
du foleil qui percutent, & deſſéchent les arbres,
brulent leurs fruits. Alors les fucs de la terre ſont
engourdis, la terre elle-même éprouve une eſpece
de létargie, & tout languit. Par mon labour j'em-
pêché les parties de la terre de ſe ſceller les unes avec
les autres, elle reſte douce, moite, friable; la roſée la pénétre, l'air & le foleil agiſſent plus facilement, & les acides renfermés dans le fein de la terre
fermentent. C'eſt principalement à cette troiſieme
culture qu'il faut détruire le chiendent. Si je me ſers
de là béche, ou de la houe, je me charge de l'arracher; ſuis-je obligé d'avoir la main à la charrue?
j'ai des femmes qui arrachent & détruiſent cette mauvaiſe plante.

M. la Brouſſe (pag. 8) obſerve que cette culture
d'été ne doit être faite qu'après une pluie abondante;
ou un arroſage ſuffiſant; que fans cela la terre ou-
verte par la féchereſſe expoſeroit les racines aux grandes chaleurs du mois d'Août, feroit couler le fruit
& diminueroit le produit des olives. Il permet ſeule-
ment de haſarder cette culture dans les années malheu-
reuſes, où l'olivier ne porte point de fruit. Il eſt certain que ce travail vaut infiniment mieux, & qu'il
coute beaucoup moins après un arroſage; ou une
pluie abondante. Il feroit à ſouhaiter qu'on ne perdit
jamais de vue cette maxime & qu'on laboura les
oliviers quand la terre eſt encore humectée. Le cultivateur fera toujours inexcuſable, quand il ſe laiſſera
ſurprendre au hale qui brûle & deſſéche la conque
de ſes oliviers, s'il tarde trop de les cultiver après
un arroſage; parce qu'il ſait, quant il arroſe, que trois
ou quatre jours après ſon olivette aura beſoin d'un labour, pour que la terre ne ſe dùrciſſe pas, auſſi il eſt
rare qu'on ſe laiſſe ſurprendre. Mais la pluie, n'eſt

pas à ma difpofition. Une pluie de Mai ou de Juin
détruit mes feconds labours ; avant que la terre fe
defsèche, je tâche de réparer ces labours par un troifieme guéret, quelquefois diftrait par un travail plus
preffant, les ardeurs brulantes du foleil, le hale, deffè-
chent de jour en jour la fuperfice de la terre ; je ne
puis pas fecourir mes oliviers par un arrofage capable d'abreuver leurs racines ; faut-il, parce que ce fecours me manque, que je les abandonne ? non. J'irai
à leur fecours, avec ma charrue, s'il eft poffible, ou
avec ma houe : & je ne crains pas de perdre ma
récolte. Ce labour confervera plutôt ; & quand ce
malheur feroit inévitable, je facrifierois volontiers
leurs fruits pour conferver mes arbres. Tel un bon
pafteur, dans un temps de calamité & de mifere conferve fes brebis, en facrifiant leurs agneaux qu'il abon-
donne.

Le fol, dans lequel font complantés mes oliviers,
eft-il fec ? eft-il ftérile ? a-t-il de la peine à fournir aux
befoins de mes arbres ? je le laboure trois ou quatre
fois, l'année de la taille, pour détruire les mauvaifes
herbes, & pour lui conferver fon peu d'humidité &
de fraîcheur ; l'année de la récolte je ne feme point
ces fortes d'olivettes, je ne recueillirois ni grain ni
huile, mais je leur donne moins de labour ; c'eft un
moyen pour les forcer à mieux retenir leur fruit.

J'ai des oliviers plantés dans des terres labourables
propres à porter du grain. Aurai-je une récolte d'o-
lives plus abondante, & me rendront-elles plus
d'huile, fi je leur abandonne entiérement tout le terrain ? faut-il que je me prive de femer le champ
qu'ils occupent ? c'eft l'opinion de bien des Cultivateurs, j'ai long-temps penfé & agi comme eux : mais
l'expérience m'a appris que les oliviers ne chargent jamais tant que quand ils font fémés. Depuis quelques années je feme mes olivettes, & je retire de grands avantages

de cette méthode : je fais une récolte en grains, qui m'eſt toujours néceſſaire : j'ai de la paille pour la nourriture de mes bêtes de labour , & pour l'engrais de mes oliviers ; & ce qui eſt le plus eſſentiel, j'ai beaucoup plus d'huile , que lorſque je ſuivois la pratique oppoſée.

Je ſeme du bon grain , dans les bons fonds ; dans les terres plus foibles , je ſeme du ſegle , de l'avoine, ou des légumes ; & toujours je ſeme l'année de la récolte. L'année de la taille , je fume mes oliviers, je leurs donne des bons labours , & je les multiplie, en un mot je n'épargne pas mes ſoins. L'année d'après je me borne à cultiver avec la houe ou la bêche les pieds de mes arbres en Février , & en Mai. Après la moiſſon je laboure , j'enterre le chaume , je cultive encore le pied de mes arbres. Mais ſi le printemps eſt trop pluvieux , ſi mes oliviers donnent de nouvelles pouſſes , ſi j'ai à craindre qu'ils n'abandonnent leurs fruits, pour fournir à leurs branches nouvelles , je laiſſe mes olivettes en chaume. C'eſt le vrai moyen d'avoir des récoltes abondantes.

Dans les pays , où je puis arroſer , je donne ce ſecours à mes oliviers une ou deux fois l'année. Un arroſage plus fréquent leur ſeroit nuiſible. Souvent l'avidité du cultivateur cauſe ſa perte ; à force d'arroſer l'olivier , ſes racines , ſes ſouches pourriſſent , l'arbre languit d'abord , il périt enfin. Nous avons obſervé que le ſeul *ſaurin* profite d'un arroſage fréquent.

ARTICLE V.

Des engrais des Oliviers.

L'OLIVIER aime beaucoup les engrais, la meilleure maniere de lui procurer ce secours consiste à faire un grand creux aux pieds des arbres., à en ôter toute la terre jusqu'aux racines, à mettre dans ce trou une charge de fumier, & à laisser au pourtour un bassin pour que les eaux des pluies puissent plus facilement y pénétrer ; elles développent mieux les sels du fumier, & de la terre. Je couvre ce fumier avec de la terre, que je prends de la surface du sol ; elle est plus douce que celle que j'ai sorti du pied de l'arbre. Je donne ordinairement cet engrais de deux en deux ans, & toujours l'année de la taille. Je voudrois pouvoir bonifier par des engrais toute la terre dans laquelle sont complantés mes oliviers, mais le champ que je cultive *exiguum colito. Virg.* 5, est trop vaste, mes oliviers sont trop nombreux, & le fumier me manque. Je suis donc forcé de renoncer à cette méthode quoique je reconnoisse qu'elle seroit la meilleure. Je me borne à fumer les pieds de mes oliviers. J'engraisse de deux ou trois charges de fumier un arbre monté sur plusieurs pieds, surtout s'il est placé dans un terrain naturellement humide, ou que je puis arroser. Si mon arbre est petit, s'il est dans un sol sec & aride, si je ne puis pas l'arroser. Je ne lui donne qu'une demi-charge de fumier quelquefois moins, ce qui dépend des circonstances locales. Je donne à mes oliviers moins du fumier de brebis & de chevres, que de celui de litiere. J'en emploie beaucoup moins encore quand je fume avec de la colombine. Ce ne font pas là toutes mes reffources, j'en ai bien d'autres. Tout eft eau, ou originaire des eaux, difent certains naturaliftes. Je n'ofe contredire ce fyftême ; mais j'entends avec plaifir la nature me dire, & me répéter à chaque inftant : tout eft terre ou originaire de la terre, elle eft le principe de tous les êtres matériels, elle en eft auffi le terme & la fin : ce qui émane d'elle redevient terre pour reparoître fous une forme différente, s'y réplonger enfin & s'y confondre. De-là je conclus que tout peut fervir d'engrais à la terre, & l'expérience journaliere m'apprend, que les plantes, les herbes, les arbres, les animaux, tout fe nourrit de la deftruction commune.

Je ramaffe donc avec économie les herbes arrachées, les feuilles des arbres, les balayures des maifons, les boues des rues, les fientes des animaux, je pourris ma paille, j'emploie les marcs de raifins, d'olives, les *curures* des puits, des fontaines, des lavoirs, la bourbe des rivieres, des pieces d'eaux, des étangs ; les herbes de la mer, leurs dépôts pourris fur fes bords, les vafes qu'on tire des ports, des canneaux de mer, que nous connoiffons fous le nom de *curuum*.

J'arrache encore les mauvaifes herbes, les mauvaifes plantes, les mort-bois avec toutes leurs feuilles, je coupe, je hâche toutes ces diverfes productions de la terre, & j'en fais des engrais pour mes oliviers. Quand ces productions de la terre me manquent, j'ai recours à la terre elle-même. J'en fais des fourneaux, je la brûle, je ranime ainfi fes fels & fon feu, & elle bonifie mes arbres. Je les amende auffi avec de la terre rapportée ; j'entend avec une terre graffe & franche : telles font celles des prés, de gazon, les terres incultes &c... &c... Je me fers même des débris, foit en plâtre, en chaux, ou en terre : les décombres des vieux bâtimens, la cendre, le fable &c... tout m'aide à engraiffer mes oliviers, & quand
je

Je n'ai point du fumier j'ouvre de grands creux aux
pieds de mes arbres, je les remplis de la terre que
je tire de la superficie du sol. Cette terre ne laisse pas
de bonifier & de fertiliser mes oliviers, bien mieux
encore si elle avoit passé dans les écuries, les bercails
&c... &c...

Après avoir creusé les pieds de mes arbres, je coupe
une infinité de petites racines, qui sont contre la
souche de l'olivier ; je coupe aussi tous les jets ou
fagatuns qui sortent du pied ou de la souche de l'arbre, je conserve ceux que je veux laisser croître pour
renouveller l'olivier ou pour avoir des plançons. Ce
n'est qu'après avoir ainsi nettoyé la souche de mon
arbre, que je mets mon fumier dans cette conque
sans qu'il touche la souche. Crainte du froid je la
remplis tout de suite avec de la terre. Je ne renvois
jamais au lendemain cette dernière opération. L'au-
torité de l'Auteur de la nouvelle Maison Rustique ne
me rassure pas ; il propose de laisser les oliviers dé-
chaussés depuis le mois d'octobre jusqu'au mois de
février ; afin, dit-il, qu'ils profitent des pluies & des
fraîcheurs de la saison. Je n'ai connu qu'un seul propriétaire qui ait suivi ce principe ; aux premiers froids
ces arbres périrent tous, jusqu'à la racine. Malheureusement quelques pieds de ces arbres repoussèrent ;
mais ils n'ont jamais pû se remettre, le froid avoit
vicié la souche, & ces arbres ont toujours langui.
Ceux au contraire qui périrent ont été remplacés
par d'autres qui commencent à charger & à donner
du fruit.

Comme j'amende la terre de mes oliviers pour cor-
riger ses défauts, & pour reparer ses pertes ; j'examine avec soin les qualités de mon fumier, & les
qualités de la terre, qui nourrit mes arbres, & que
je veux améliorer. Je consulte la qualité du sol pour
savoir quelle espece d'engrais je dois y mettre, & je

C

proportionne la quantité du fumier à la force & aux besoins de la terre. L'excès est dangereux, & le secours sera presque inutile quand il ne sera pas suffisant ; ensorte que toute la science du cultivateur consiste à trouver le point, qui doit amender la terre, sans la rendre brûlante.

Dans les terres séches, sabloneuses, & maigres, j'emploie de préférence les curures des étangs, des marais, des fossés, des canaux, des ports, les boues des rues, des grands chemins &c....parce qu'elles sont grasses, & fort humides. Les terres de gazon, les terres neuves, les terres fortes & argileuses sont des fort bons amendemens pour les oliviers qui sont dans des terres maigres & séches. Le marc de raisin, la paille, les herbes, les feuilles pourries sont aussi un fumier fort gras ; mais il est moins humide que les curures & les terres dont nous venons de parler.

Au commencement de l'automne je fais répandre sur la terre les engrais que je tire de l'eau salée, afin que les pluies, les gêlées, les humidités les pourrissent ; le suc qui s'en détache, engraisse la terre, & on l'enfouit aux premiers labours. Ces engrais se consument dans le sein de la terre & fournissent des sucs pleins de sels, qui animent & fortifient mes arbres. J'ai vû mettre au commencement de l'été du *mataguier* (c'est ainsi qu'on appelle les rubans de mer pourris sur les bords de l'eau) sur la surface des conques des oliviers pour empêcher le hâle de pénétrer par-dessous & de durcir la terre. Au moyen de cette précaution elle reste moite, & fraiche malgré les ardeurs du soleil. Le fumier des brebis, des chevres, les décombres des maisons, la terre brûlée, sont très-propres pour les terres humides & fraiches, & pour celles qu'on peut arroser.

La fiente de volaille, des poules, des pigeons, le fumier des lapins, celui des vers à soie, sont des engrais fort chauds, je m'en fers pour mes oliviers, qui font dans des terres fortes, froides, & humides. J'amende avec des terres légeras & fabloneufes mes oliviers qui font dans une terre argileufe & forte &c... &c...

J'ai foin de fumer mes oliviers plantés dans des terres féches & fabloneufes, en automne, & en hiver, jamais au printemps, moins encore en été. Si je puis les arrofer, ou fi le fol eft naturellement humide, je les fume en tout temps, j'ai pour maxime, qu'il y a de l'économie à ne point épargner les amen-demens.

___

ARTICLE VI.

De la taille de l'Olivier, & de la maniere de le tailler pour qu'il rapporte annuellement du fruit en quantité plus égale.

ON penfe dans certains endroits que la taille trouble l'ordre de la végétation; que néceffairement elle occafionne à l'olivier des plaies, qui reftent long-temps de fe guérir, & qui fe cicatrifent difficilement; que cet arbre aime à élever vers le ciel une tête altiere, à étendre à fon gré fes rameaux fouples & plians, & à faire briller, dans toutes fes parties, cette mul-titude de branches & de pouffes diverfes qui font fon ornement, & fa richeffe. Auffi bien des auteurs n'en permettent la taille que de huit en huit ans. (a)

Qu'on compare un olivier ainfi abandonné à lui-

___

(a) L'Auteur de l'Agronome; celui de la nouvelle Maifon Ruftique, &c.....

même avec un autre, qu'on a foin de tailler de deux
en deux ans ; fes épines , (nous appellons épines le
bois fec des pouffes mortes) multipliées de tout côté
fes vides , fes touffes , fa ftérilité habituelle forceront
d'avouer que la taille dirige , orne , perfectionne , &
feconde la nature : que docile à fes loix , elle lui obéit à
fon tour , que ce concours de la nature & de l'art
procure à nos oliviers taillés de deux en deux ans
une forme réguliere , & aux cultivateurs des récoltes
abondantes. Qu'on néglige pendant huit ans de tailler
l'olivier , fes branches s'alongeront du côté du midi ,
les bourgeons deffécheront bien vîte , chaque pouffe
meurt l'une après l'autre , & toute la feve portée vers
l'extrémité des branches , laiffera le bas nud , vide ,
& dégarni. Qu'on approche d'un olivier habituellement taillé , on apperçoit la naiffance de chaque branche-mere , qui nourrit divers membres , ornés de belles
pouffes ; qu'on fuive fes branches , aucune ne croife fa
voifine , toutes les parties de l'arbre font rangées avec
art , elles forment comme autant de petits arbres
indépendans les uns des autres , dont l'enfemble ne
forme & ne préfente à l'œil qu'un même olivier. Point
de vide , point de bois mort , point de branches languiffantes : partout de nouvelles pouffes & du fruit en
abondance.

Mr. La Brouffe a obfervé (pag. 14 & fuiv.) que la
méthode de tailler l'olivier de deux en deux ans eft
fuivie en Provence , & dans le bas-Languedoc ; il
blâme cet ufage , & propofe de l'émonder chaque
année. Il recommande de ne couper que le bois mort ,
vieux , ou malade , & quelques petites branches ,
qui fe croifent. Il promet que par ce moyen on
aura chaque année , une récolte au-deffus de la
médiocre , & que l'arbre fera toujours en bon état.

D'un autre côté, je lis dans l'Histoire de Provence (a) que la plus importante de toutes les découvertes, dont l'agriculture se soit enrichie depuis quelques années, consiste à émonder l'olivier de trois en trois ans, & à retrancher tout le bois mort ou inutile. L'Auteur assure que, depuis que cet usage s'est introduit, les récoltes sont devenues *infiniment plus abondantes*.

Je respecte ces deux Auteurs, l'un sera mon Juge, l'autre a déja été couronné ; mais mon respect pour eux doit-il me réduire au silence ? Ne puis-je pas proposer une méthode véritablement avouée par la nature, qui seconde & récompense par des récoltes annuellement presque égales & très-abondantes, les soins & les efforts de nos cultivateurs les plus expérimentés ? Ne dois-je pas me rendre aux invitations flateuses de l'illustre Compagnie, qui a couronné M. la Brousse, & qui a reçu le pere Papon parmi ses membres ? L'amour de la gloire, l'espérance d'une couronne & surtout le desir d'être utile me font entrer en lice, & sans offenser ces deux Savans, j'attaque leurs systêmes, je ne propose rien de nouveau, ma méthode est ancienne, elle est presque universellement suivie par nos cultivateurs, elle tient le milieu entre celle du pere Papon, & celle de M. la Brousse Inutilement ils s'appuient l'un sur l'expérience, l'autre sur l'usage : l'usage & l'expérience sont pour moi. Je taille la moitié de mes oliviers une année, je réserve l'autre moitié pour l'année suivante. Je les taille ainsi tous, de deux en deux ans, & chaque année j'ai une récolte presque égale. Vouloir forcer par quelque genre de culture que ce soit le même pié d'olivier à donner annuellement une récolte presque égale, assurer qu'on est parvenu à ce but, soit par la taille, soit par les

_____

(a) P. Papon, tom. 1. pag. 161.

engrais, foit par les labours ; c'eft ne pas connoître la nature de cet arbre. Le même pied d'olivier, le même arbre ne porte pas tous les ans avec la même abondance ; pour l'ordinaire il ne charge qu'après s'être répofé. Il travaille d'abord pour lui, & enfuite pour fon maître. Il emploie une année à donner des pouffes nouvelles, & ces nouvelles pouffes chargent l'année d'après. C'eft une vérité d'expérience reconnue depuis des fiecles, déja depuis le commencement de l'Ere Chrétienne un favant Cultivateur, un Philofophe Romain, dont nous avons divers livres d'agriculture, Columelle avoit fait cette obfervation (a). Outre le témoignagne de ce Savant, l'ufage le plus général des Provinces Méridionales de la France vient au fecours de cette vérité, & cette vérité feule détruit l'émondage annuel, & l'émondage qu'on ne fait que de trois en trois ans.

Nous voyons les oliviers taillés dans l'année donner peu de fleurs, retenir peu du fruit & l'abandonner prefque tout pour fournir uniquement aux nouvelles pouffes, ces pouffes ne chargent que l'année d'après ; il ne faut donc pas tailler cette feconde année, cette taille ne feroit propre qu'à faire perdre la récolte, en voici la raifon ; cette taille rendroit la feve plus active & plus abondante ; or, une feve abondante & active donne trop de vigueur, & un olivier trop vigoureux ne charge jamais. Il faut dompter l'olivier, il faut ralentir le cours de fa feve, pour avoir du fruit en plus grande abondance. Je vois une branche furchargée de fruit, je m'avance, j'examine, & je vois qu'elle eft rongée par les vers, marquée par une entaille, éclatée, caffée, ou à demi-coupée. Un olivier attire

_____

(a) *Olea non continuis annis fed fere altero quoque fructum affert. Colum.*

mon attention ; rien de plus beau, rien de plus riche
que cet arbre, il a beaucoup plus de fruit que de feuilles. J'avance, & J'apperçois ses branches couronnées
ou circoncifes. Quelquefois je ne vois pas la caufe
de cette production furabondante, elle eft à la racine,
la fouche eft viciée, peut-être a-t-elle été offenfée,
mutilée par un ufufruitier avide ; feul il doit être foup-
çonné du délit, parce que lui feul en profite.

Il eft donc de fait, qu'en ralentiffant le cours de
la feve, je procure l'abondance. Il eft rare de voir,
je dis mieux, on ne voit jamais un olivier vigoureux,
un olivier orné de belles & longues pouffes, chargé
en même-temps de fruit, ni un olivier chargé de fruit
donner de belles pouffes. Telle une mere remarquable
par fon embonpoint nourrit par fois un fils maigre,
défait & languiffant, qui trop fouvent périt à la ma-
melle ; tandis que nous voyons des enfans vigoureux,
alaités par des femmes maigres. La raifon en eft
fimple ; toute la fubftance de celle-ci fe change en
lait, l'autre au contraire ne mange que pour elle.

Je ne propofe qu'un feul moyen dont je me
fers pour ralentir la feve de mes oliviers. Je feme
mon olivette l'année après la taille, & je fuis moralement affuré d'une récolte abondante en huile.

Je conviens cependant avec M. la Brouffe que les
olives d'un arbre taillé dans l'année, feront plus belles :
qu'elles donneront plus d'huile, que celles d'un olivier
furchargé de branches & de fruit ; mais qu'on con-
vienne avec moi qu'un fac d'olives cueillies fur un
olivier taillé depuis deux ans donnera beaucoup plus
d'huile, qu'un panier qu'on aura de la peine à gra-
piller fur un olivier taillé dans l'année.

J'ai renvoyé quelquefois la taille de mes oliviers à
la troifieme année : par la raifon que, dans un printemps facheux par fa trop grande féchereffe, mes
oliviers placés dans un terrain fec n'ont pas eu la

force de bourgeonner ; la feconde année après la taille, ils m'avoient donné de nouvelles pouffes , qui me promettoient du fruit pour la troifieme année ; des gélées tardives avoient brûlé les yeux à fleurs de mes oliviers ; des brouillards funeftes , & l'humidité avoient fait couler les fleurs , & les fruits de mes arbres : privé ainfi d'une récolte que j'avois droit de me promettre , pour profiter des fruits de l'année fuivante , j'en ai différé la taille & cette troifieme année a été très-abondante ; mais quand il a été queftion enfuite de tailler ces oliviers , j'ai toujours gémi de m'être écarté de ma méthode. Je ne trouvois fur mes arbres aucune branche en état , tout étoit languiffant , tout étoit épuifé. Je coupois de toute main , j'étois forcé de laiffer partout des vides irréparables , des troncs & des branches prefqu'entiérement dépouillés.

Mes oliviers ont-ils fait de nouvelles pouffes la premiere année, l'année d'après ont-ils chargé ? Je n'ai jamais renvoyé plus loin la taille , j'aurois commis la plus grande imprudence ? Parce qu'après la récolte de la feconde année après la taille , il ne refte fur l'olivier que des branches épuifées par le fruit qu'elles ont nourri , & qu'on n'y trouve que bien peu de branches à fruit pour l'année fuivante. Il faut donc que je les foulage , que je les anime , que je leur donne de la vigueur , & furtout que je les décharge de ces bois épuifés. Je les taille donc pour avoir des pouffes nouvelles , qui porteront du fruit deux ans après. Si au contraire je renvoie cette taille , après la troifieme année , mes oliviers n'auront ni fruit ni bois nouveau ; conféquemment ils ne chargeront ni cette troifieme année ni la fuivante , & il ne me refteroit que des arbres entiérement épuifés , dégarnis de pouffes nouvelles , & de branches à fruit.

Je n'aurai pas beaucoup de peine à faire avouer par les cultivateurs la méthode de tailler la moitié des oliviers

ane année, & l'autre moitié l'année fuivante. Je ne
propofe cette méthode que d'après leur propre expérience. Inutilement on a blamé cet ufage, inutilement on nous a affuré qu'en émondant l'olivier chaque année, chaque année il porteroit beaucoup plus
de fruits, & qu'il formeroit beaucoup plus de nouvelles pouffes pour l'année fuivante, inutilement on
promet que par ce moyen on aura chaque année une
récolte au-deffus de la médiocre, & que l'arbre fera
toujours en bon état ; inutilement on obferve que c'eft
là ce que le cultivateur doit principalement recher-
cher, & ce que l'expérience du paffé affure pour l'a-
venir. Malgré tant de promeffes flatteufes, le plus grand
nombre des cultivateurs a conftamment fuivi la méthode que je propofe. Quelques propriétaires s'en font-
ils écartés, ont-ils émondé leurs oliviers toutes les années ? Le manque de récolte les a forcés de reprendre
leur ancienne méthode, & d'avouer qu'une poule ne
peut en même-temps pondre & couver. On pardonnera
cette comparaifon fimple & triviale à un Payfan illitéré,
content de fa pratique qu'il me vantoit. Je voulois fui-
vre la méthode de la taille annuelle, dans l'efpérance
d'avoir chaque année beaucoup d'olives, & beaucoup de nouvelles pouffes pour l'année fuivante,
» choififfez, me dit-il, voulez-vous des œufs ? Laiffez
» pondre vos poules. Voulez-vous des poulets ? Fai-
» tez les couver. Voulez-vous des œufs & des poulets ?
» Ayez des poules qui pondent, & d'autres qui cou-
» vent. Mais voulez-vous en même temps, & d'une
» même poule, avoir des poulets & des œufs ? vous
» n'aurez ni œufs ni poulets. De même voulez-vous
» de belles pouffes ? Taillés, fumés, labourés vos
» arbres. Voulez-vous beaucoup d'huile ? Ralentiffez
» la feve de vos oliviers. Voulez-vous chaque année
» du fruit, & de nouvelles pouffes ? Taillés, fumés,
» labourés la moitié de vos olivettes, & femés l'autre.

Je fus docile, & une expérience conſtante m'a appris
que ce Payſan moniteur avoit raiſon.

Je ſai que cette méthode n'eſt pas univerſellement
ſuivie. Je connois des óbſervateurs ſavans, qui ſe louent
de la taille annuelle. Je les prie d'avoir pour moi la
même complaiſance, que j'ai eue pour le Payſan que
j'ai cité ; qu'ils conſultent ſurtout la nature, & que
ma méthode ne ſoit proſcrite, qu'après qu'elle aura été
trouvée fautive par l'expérience.

De la taille en Général.

Je diſtingue la taille de l'émondage. Celui-ci con-
ſiſte à retrancher tout le bois mort ou inutile, ou bien
à couper le bois mort, vieux ou malade, & quelques
petites branches qui ſe croiſent (a). Ces moyens ne
ſont pas ſuffiſans ; pour procurer de belles pouſſes
& des récoltes abondantes, il faut de plus ſupprimer
tous les rameaux épuiſés par la récolte précedente,
décharger l'arbre de ſes branches ſuperflues, racourcir
celles qui pouſſent trop vigoureuſement, ravaler cet
arbre, relever cet autre, les décharger au pourtour,
& les évider dans le milieu ; pour que les branches
leurs pouſſes, & leurs fruits ſe trouvent aërés de toute
part, & qu'ils reçoivent les douces influences des
rayons bienfaiſans, qui procurent l'abondance. C'eſt
préciſément ce que nous appellons *tailler l'olivier*.

Comme je ne puis pas être partout, ni tailler tous
mes arbres, je tache de me procurer un cultivateur
à qui je puiſſe confier ce travail, je lui laiſſe le ſoin
de choiſir ceux qui doivent tailler avec lui. Il attaque
le premier un arbre, il en fait ou en ordonne les *écarts*,
c'eſt-à-dire, qu'il coupe les groſſes branches, les dif-

---

[a] Le P. Papon, tom. 1, pag. 161, M. la Brouſſe, pag. 15.

férens quartiers, & quand un arbre eft monté fur un
trop grand nombre de pieds, c'eft lui qui défigne ceux
qui doivent être arrachés, &c.,.. çe qui dépend du
befoin de l'arbre, du jugement, du goût & furtont
d'un longue expérience, de la part du cultivateur.
Prétendre que la taille des oliviers exige peu de ta-
lent (a), c'eft ne pas connoître les avantages d'une
taille reguliere, & encore moins les fuites funeftes &
prefque toujours irréparables d'une taille défectueufe.

Lorfque j'ai trouvé un homme en état de tailler
mes oliviers, comme je fais qu'une taille d'une année
difpofe à la taille des années d'après, je le retiens,
je fais enforte qu'il continue les années fuivantes de
me louer fes foins & fon travail, ce qu'il m'accor-
dera facilement. Un cultivateur habile aime à taille r
les oliviers qn'il a déja commencé d'arranger, il fe
glorifie ordinairement de la beauté de ces arbres, &
de leur abondante production.

L'âge, l'état, les maladies de mes oliviers dirige nt
ma façon de les tailler. Eft-il queftion de rétablir l'é-
tat languiffant de mes oliviers maltraités par un hi ver
rude ? Ai-je dans mes olivettes des arbres jeunes, des
entes, des rejetons ? J'emploie en leur faveur une
taille annuelle ; dans l'année je la réitere plufieurs fois
quand il s'agit de défendre mes arbres des vers qui
dévorent leurs branches. Dans tous ces cas je trava ille
pour mes oliviers, & je ne compte pas fur leur
production, elle fe réduit à peu de chofe. S'agit-il de
foutenir la vieilleffe de quelques oliviers furannés,
j'aime mieux les ravaler, couper toutes leurs vieilles
branches, les mettre par ce moyen fur le nouveau,
que de les laiffer par une taille annuelle, dans leur
état de larguçur & de dépériffement. Mais eft-il qu ef-

(a) Encycl. mot. olivier.

tion de faire charger mes oliviers? Je les taille tous les deux ans.

Il faut en convenir, la beauté & les richesses d'une olivette dépendent de plusieurs causes; mais la principale de ces causes, c'est la taille, & il est évident que bien des gens coupent, mais que bien peu savent tailler. Le but en effet de la taille, comme nous l'avons déja dit, consiste à décharger un arbre de ses rameaux superflus & épuisés, à faire choix avec discernement de ceux qui sont les plus propres à former l'arbre & à lui donner une tête régulière, à pourvoir par un retranchement sage à une fécondité nuisible, à lui laisser suffisamment des branches pour le rendre plein partout, à aider & à soutenir un quartier foible, à arrêter la fougue d'un autre, à procurer en un mot, cette belle harmonie de chacune des parties qui forment le tout, & à se promettre des récoltes successives. Cependant sur presque tous nos oliviers que trouvons-nous? Rien que de forcé & hors de sa place, des quartiers entièrement dégarnis, tandis que d'autres n'offrent que confusion; partout des onglets, des chicots, des bois morts, des éclats, des plaies vieilles, des faux bois, de longues branches sans pousses, des membres nuds, des vides irréparables, & des coupes défectueuses? Veut-on en savoir la cause? Je le répete; on coupe, mais on ne sait pas tailler. Je vais faire connoître dans le plus grand détail toutes ces défectuosités; c'est offrir le moyen de les prévenir & d'y remédier.

Onglets.

On appelle *Onglets* cette partie, qui est à l'extrémité de la taille & qu'on a coupée à quatre ou cinq lignes au-dessus de la pousse qu'on a laissée. Cette partie trop alongée forme, auprès de la pousse restante, une petite faillie, qui fe défféche, & fait languir la branche ; on évite cette défectuofité en taillant ras de la branche qu'on laiffe fur l'arbre. Je n'héfite pas, quand ma première coupe laiffe un trop long bec, d'y revenir une feconde fois, & même une troifieme, jufqu'à ce que la plaie refte horifontale à l'écorce de la branche, & qu'elle puiffe facilement la couvrir, ce qui en opére la guérifon entiere.

Chicots.

Les chicots font les reftes des branches qu'un cultivateur inappliqué laiffe de la longueur de deux ou trois pouces, au lieu de les tailler près de la branche, qui doit refter. Il eft démontré par une longue expérience, que la feve ne couvre jamais ces onglets ni ces chicots. Ils fe défféchent, ils meurent, & peu à peu ils font périr le bois auquel ils tiennent. On appelle auffi chicots un efpece de talus en forme d'efcaliers laiffé à l'endroit, où on a coupé une branche. Cette coupe produit les mêmes inconvéniens.

Bois - mort.

Il eft rare de trouver du bois naturellement mort & des branches défféchées fur un arbre taillé par une main habile. Les vers, les vents, les froids &c. . . . occafionnent quelquefois la perte de quelques branches, qui meurent ; dès que je m'en apperçois, je coupe & je retranche le plutôt poffible tout ce qui eft mort, ou mourant.

Eclats.

Les éclats ne font pas rares fur les oliviers : on veut ôter une branche, elle eft à demi-coupée, un

cultivateur inconfidéré la tire avec force , la branche
éclate. Ces éclats ont des fuites fâcheufes , je les évite
avec la plus grande attention : on peut rafer un on-
glet , couper un chicot ; mais pour faire difparoître
un éclat , il faut couper la branche éclatée ; pour l'ordinaire cette branche eft néceffaire à l'arbre , on la
laiffe pour le remplir ; fon entiere fuppreffion occa-
fionnera un vide , qui eft toujours défectueux. Pour
prévenir ces éclats , je commence par couper la branche du bas en haut , le plus près qu'il m'eft poffible
de la branche , que je veux laiffer. Quand elle eft
à demi-coupée , je paffe ma ferpe par derriere la coupe ; je fais une incifion à la branche que je veux
ôter & en même-tems je la tire de l'autre main ,
elle cede fans éclats. Si c'eft un membre ou une
branche - mere , je la coupe par deffous & aux deux
côtés. Je la foutiens crainte qu'elle n'éclate par fon
propre poid , je la coupe auffi par - deffus ; l'ayant
ainfi minée de toute part , je l'abandonne , elle tombe
d'elle-même. Quelquefois , mais rarement , je fuis obligé de l'aider pour la faire tomber ; & toujours je fuis
moralement fûr qu'elle n'éclatera pas. J'aime mieux
travailler demi-heure de plus pour couper ces branches ,
que de meurtrir mon olivier par un éclat , qui lui feroit
long-temps funefte.

Plaies anciennes.

J'appelle *anciennes plaies* les parties des branches ou
des troncs de l'arbre , deffécheés , ou mortes. Elles
font pour l'ordinaire les fuites des chicots , des éclats ,
dont je viens de parler , fouvent d'un trop grand froid ,
qui a affligé ces arbres ; quelquefois auffi d'un manque
de feve ou d'une trop grande abondance. On coupe
par exemple une groffe branche , un quartier d'un
arbre , il pouffe près de la plaie diverfes petites bran-

ches ; ceux qui connoiſſent les ſuites d'une ſeve, qui
n'eſt pas ſuffiſamment tirée, laiſſent ces branches pour
l'amuſer, en attendant qu'elle ſe porte d'un autre
côté, & peu à peu ils retranchent ces nouvelles
pouſſes. Mais ſi on ſe preſſe trop, ſi on arrache ſans
ménagement toutes ces branches nouvelles ; la ſeve
abandonne tout ce qui répond à la branche coupée,
cette partie du tronc ainſi abandonnée languit, le
hâle la ſaiſit, le ſoleil la deſſéche, les gêlées la péné-
trent, les eaux filtrent entre l'écorce & le bois, des
inſectes s'y logent, l'écorce tombe, & la plaie s'ag-
grandit. Pour les prévenir, ces plaies, je coupe le moins
qu'il eſt poſſible de groſſes branches, je laiſſe croître
les pouſſes, qui ſortent autour de la plaie, j'entre-
tiens ainſi ma ſeve ; ſi ces pouſſes ſont toutes inutiles,
je les retranche peu à peu les unes après les autres,
& à différentes repriſes. Mais quand le mal eſt fait,
comment guérir ces plaies ? L'arbre eſt-il vieux,
foible, & hors d'état de ſe remettre, je coupe les
branches, & le tronc juſqu'à la ſouche. Dans cinq
à ſix ans j'aurai de nouveaux réjetons, qui rempla-
ceront mon arbre. S'il eſt encore jeune, ſi je puis m'en
promettre une guériſon entiere ; j'en tire toute l'écorce
morte, j'ôte le bois mort ou pourri, je me ſervirai de
la ſcie, du ciſeau, & même de la cognée, j'adou-
cirai enſuite, avec ma ſerpe, ces nouvelles plaies ;
peu à peu la ſeve les couvrira, & bientôt l'arbre
malade ſera guéri.

Faux-Bois.

Les faux-bois connus ſous le nom de gourmands
que le vulgaire appelle tetaires ou boit-huile, parce
qu'ils ſuccent, & boivent partie de la ſeve, qui
fournit l'huile, ſont certaines branches vigoureuſes,
qui ſortent du pied, du tronc, ou des branches-meres

de l'arbre. Elles pouſſent une écorce à travers de là-
qu'elle la ſeve ſe fait jour, elles naiſſent, croiſſent,
groſſiſſent, & s'alongent preſque tout-à-coup ; leurs
feuilles ſont plus longues, plus larges, & de couleurs
plus vives que celles du reſte de l'olivier ; elles mon-
tent toujours perpendiculairement. Ces ſortes de branches ſont ordinairement infructueuſes ; les cultivateurs
s'accordent à les ſupprimer. Ce qui donne lieu à un
eſpece d'émondage, qu'on fait dans l'été. Je voudrois
que ce ſoin fut toujours confié à une main habile.
Très-ſouvent une branche gourmande eſt néceſſaire
pour remplir un vide, pour remplacer une branche
vieille ou épuiſée &c. . . . . Les perſonnes peu ex-
périmentées coupent tout ſans diſcernement. Il ſuffit
que ces branches ſortent des troncs, où le long des
ſources de l'olivier, peur qu'on les abbate. On voit
même des femmes armées de mauvaiſes ſerpes ſe
charger de ce ſoin. Pour l'ordinaire en retranchant
ces faux-bois, on les multiplie ; il en renaît deux
ou trois autour de la plaie ; qui ſont encore ab-
batus ; de nouveaux ſuccédent & toujours en plus
grand nombre, qu'on coupe auſſi, de là tant d'eſpeces
de tête de ſaule ſur les branches des oliviers ; de là tant
de branches infortunées, qui ne ſont plus qu'un tiſſu
de cicatrices.

J'aimerois mieux ne couper ces gourmands que lors
de la taille. Je n'oublie jamais, en quelque tems que
je les coupe, que le moyen d'en avoir peu, c'eſt d'en
laiſſer croître quelques-uns. En conſéquence je conſerve tous ceux, qui ſont bien placés ; pour les autres,
je les abats. Un gourmand eſt toujours mal placé,
quand il pouſſe trop près d'un autre, qu'il croiſe ſur
une ou pluſieurs branches, qu'il s'éleve perpendiculairement à la tige, enfin quand il ne peut ſervir à renouveller l'arbre. Dans tous ces cas je le ſupprime, je le ſupprime
me encore quand il a au-deſſus, ou à les côtés des bran-

ches

ches fructueuses, & en bon état. Mais si ces branches
fructueuses sont foibles, usées, ruinées, si elles sont
vieilles ou épuisées, je les sacrifie, & je conserve
les gourmands. Si deux branches, une à fruit, l'autre
gourmande, sont placées de façon qu'elles puissent rester toutes les deux à la fois, je taille à l'ordinaire
ma branche à fruit, & je conserve aussi la gourmande pour remplacer la branche fructueuse, qui
épuisée lors de la taille suivante, sera condamnée.

L'olivier longues branches se porte naturellement
vers le haut, & se dégarnit par le bas; pour le retenir je le rapproche, je le taille sur les branches
qui s'élévent, au moyen de ce rapprochement je met
un frein à sa fougue. L'olivier ainsi concéntré pousse
de tems en tems des branches nouvelles. Je les conserve elles serviront dans la suite à renouveller partie
de mon arbre.

Membres nuds.

Souvent je suis forcé, surtout quand je taille des
arbres vieux, d'ôter de distance en distance quelques
branches-meres, & de laisser des membres nuds. S'ils
poussent des gourmands, je les conserve, & je coupe
la branche la plus voisine, je renouvelle ainsi peu à
peu mes arbres vieux & je les rajeunis.

Mais ces branches nouvelles, ces faux-bois, ces
gourmands, ces *tetaires* : ces bois-l'huile, sont des
branches infructueuses, des branches, qu'on doit pros-
crire; pourquoi donc les conserver avec tant d'attention? Pour remplir un vide, pour rajeunir un arbre
vieux, pour remplacer une branche épuisée, &c.
Voilà des motifs, me dira-t-on, qui peuvent décider
un jardinier, qui veut avoir un arbre rangé; mais
un cultivateur, dont l'objet principal est de se procurer des récoltes abondantes, doit-il se conserver

D

des branches gourmandes ? Oui fans doute, parce qu'il fait le moyen de les rendre fructueufes, en les faifant fervir à la beauté de fes arbres. J'ététe ces gourmands. Ils pouffent des branches lattérales, qui feront des branches à fruit. Ces branches lattérales fi elles font vigoureufes, poufferont encore des branches verticales & perpendiculaires, elles feront auffi ététées à la taille fuivante. Ces branches quoique gourmandes dans leur origine, étant ainfi taillées ceffent de monter, leur feu s'amortit. Par la fouftration de la partie la plus confidérable d'elles-mêmes ; & parles plaies qu'elles reçoivent, elles deviennent branches fructueufes, elles donneront pouffes & fruits.

Coupes défectueufes.

Pour donner une idée jufte de la *coupe défectueufe*, j'expofe les qualités néceffaires d'une taille réguliere. Elle eft courte, ronde, liffée, & unie; elle ne doit avoir ni creux ni éminence, ni haut ni bas ; toujours la plaie doit être à fleur de la branche, fur laquelle elle eft faite, pour qu'elle foit bientôt couverte & entiérement garnie, jamais le bois ne doit être éclaté ou fendu, ni la peau entamée. Ces difformités trouvent leur fource pour l'ordinaire dans l'impéritie du cultivateur, quelquefois c'eft faute d'avoir une bonne ferpe ; le cultivateur n'en eft pas moins inexcufable.

Du temps convenable à la taille des oliviers.

On propofe d'émonder l'olivier à la fin de l'automne, ou pour le plus tard au commencement de l'hiver, (a) fans qu'il y ait à craindre de les voir périr par

_____

(a) M. La Brouffe pag. 15.

les froids ; on nous donne pour toute raifon l'expérience de deux olivettes voifines l'une de l'autre, dont
l'une émondée avant l'hiver de 1768, & l'autre après.
La premiere fut en bon état au printemps, & l'autre
très-maltraitée. Ces exemples prouvent qu'il y a moins
à craindre de tailler l'olivier avant l'hiver, que pendant les froids, il peut fe trouver d'ailleurs des circonf-
tances locales & particuliéres fur ces faits que nous
ignorons ; & fouvent la nature prend plaifir à fe
jouer de nos obfervations, à nous tromper dans
nos recherches, & à nous mettre en défaut. Il arrive
quelquefois qu'un olivier, qui n'eft point émondé,
périt par les froids, qui ne portent aucun dommage
à fon voifin qui avoit été taillé. Difons plus ; j'avois
un olivier monté fur trois pieds ; en 1775 les deux
pieds placés, l'un au midi, l'autre au couchant périrent, le feul expofé au nord réfifta à la violence
du froid. Ce ne font là que des faits particuliers qui
confirment la regle générale : que l'olivier très-dé-
licat, très-fenfible au froid, ne doit être taillé qu'à
la fin de l'hiver & au commencement du printemps.
La regle que je propofe ne peut cependant avoir
lieu que dans les pays, où ces arbres font peu multipliés : dans ceux, où l'olivier donne la principale
& prefque l'unique récolte, la taille dure environ
trois mois, quoiqu'on n'y taille chaque année que la
moitié des oliviers. Dans ces pays abondans en huile, on ne peut tailler qu'après la récolte, qui ne
finit fouvent qu'après l'année. Forcé de tailler mes
oliviers au cœur de l'hiver, je fais un choix relati-
vement à la taille que je dois leur donner.

Au mois de Janvier & Février, je taille de préférence mes oliviers, qui font favorablement fitués,
ceux furtout qui doivent être légérement élagués, &
auxquels il ne faut retrancher que de petites branches. Je ne taille jamais dans ces deux mois mes as-

D 2

bres jeunes ; parce qu'ils pouffent d'abord avec impétuofité , & qu'ils s'empreffent naturellement de nous
donner des preuves prématurées de leur fécondité &
de leur vigueur. Cette impétuofité feroit beaucoup
accélérée par le retranchement des branches coupées
à la taille, qui donneroit une feve plus abondante
à celles qu'on auroit laiffées, & ces pouffes prématurées pourroient facilement périr, ainfi que le refte
de ces jeunes arbres par la rigueur des froids.

Dans le cœur de l'hiver ; je ne coupe point de
quartiers, ni de groffes branches. Je taille toujours
avec ménagement, parce que les plaies multipliées,
ou les plaies trop grandes venant à recevoir les eaux
glacées des pluies , & des frimats , qui pourroient
fe congêler deffus fairoient infailliblement périr mes
arbres.

Comme dans toutes les olivettes, il fe trouve toujours ,
même parmi les arbres déja formés , & qui n'ont
befoin que d'une taille légere, des jeunes plants, des
rejettons, des entes, & des arbres qui ont befoin
d'être ravalés , ou auxquels il faut retrancher quelque quartier, quelques branche-mere, j'ai la précaution de renvoyer la taille de ces jeunes plants, & le
ravalement de ces arbres, à une faifon plus douce.
Il ne m'eft pas difficile au Printemps de reconnoî-
tre dans ces olivettes les arbres que j'ai omis, lors de
la taille. S'il n'eft queftion que de quelques groffes
branches , je les dépouille de tous leur rameaux ,
pour que mon coup d'œil ne foit point gêné pour
tailler le refte de l'arbre , & au mois de Mars j'ai
foin d'abattre ces branches dégarnies.

Je ne taille jamais quand il gêle, ni quand la terre
eft couverte de neige. Dans un valon , dans un fond
froid, ou aquatique ; je taille plus tard que fur le
fommet d'une montagne , ou fur le penchant d'une
colline. J'ai moins à craindre le froid, pour une olivette

exposée au levant, & au midi, que je taille, que pour une autre située au nord.

Le temps auquel on doit tailler l'olivier n'est donc pas absolumeut fixe, il dépend des saisons, des climats, des positions, de la nature du terrain, de l'âge, de la qualité, de la vigueur, & de l'état des arbres.

Figure agréable.

Quand je taille un arbre, je m'applique singuliérement à lui donner une belle figure, une figure réguliere & agréable. Elle consiste dans la proportion de toutes les branches entr'elles, de façon qu'il soit taillé pour être plein partout & sans confusion, après qu'il aura donné ses nouvelles pousses : que les branches également distribuées dans tout l'arbre jouissent toutes des bienfaits de l'air, des pluies, des rosées, des regards du soleil & de son feu vivifiant. Ces branches fecondées par ces causes diverses donneront du fruit en abondance & d'une meilleure production.

Pour donner cette figure non moins utile qu'agréable, avant de commencer ma taille, je jette un coup d'œil sur l'ensemble de mon arbre, je le visite ensuite en détail, j'examine la distribution de ses branches ; leur qualité, leur nombre, fixe mon attention, & son état de vigueur ou de foiblesse, de santé ou de maladie n'échappe pas à des regards attentifs. Après avoir visité mon arbre dans le plus grand détail, je le décharge de toutes les branches épuisées, je coupe toutes les branches directes & verticales, qui sont au milieu de mon olivier, & je l'évide presqu'entiérement. Je coupe ensuite les grosses branches, les quartiers surnuméraires. Sur chaque olivier, je laisse trois ou quatre quartiers, sur ces quartiers je laisse venir deux, rarement trois branches-meres ; celles-ci nourrissent des petites branches, qui donnent des pousses, & ces pousses portent les olives.

54   **MÉMOIRE**

Je trouve souvent des oliviers montés sur plusieurs
pieds. M. la Brousse (pag. 17) veut que je les monte
tous sur un seul , & que j'arrache les autres. Il promet que ce pied seul , qui coutera moins de boni-
fication & moins de travail , produira beaucoup plus
que tous les autres ensemble. Avant que de faire
cette opération , j'examine si cet arbre monté sur
plusieurs pieds languit ; si la terre , qui dans une médiocre étendue nourrit ainsi plusieurs arbres à la fois ,
est trop épuisée pour faire porter à chacun d'eux
beaucoup de branches à fruit , & si ce grand nombre de pieds dévore véritablement la substance de l'o-
livier. Dans ce cas , j'ôte un ou deux pieds , suivant le
besoin de l'arbre , que je taille. Mais cet olivier monté
sur plusieurs pieds est il fertile ? a-t-il chargé l'année
précédente , ce que je connois à ses branches ? est-il
vigoureux ? je le laisse subsister sur tous ses pieds sans
qu'on doive m'accuser d'impéritie. Je vois plusieurs oliviers montés sur trois , quatre , & même cinq pieds ,
qui ont donné & qui donnent encore un quintal &
demi d'huile. De plus il n'est pas rare que le froid
tue un pied d'un arbre , tandis que l'autre subsiste dans
toute sa vigueur ; autre raison qui me permet de conserver un olivier monté sur plusieurs pieds ; quand ,
l'un périt , l'autre résiste.

Après avoir coupé les pieds , les branches meres ,
les quartiers selon le besoin de mon arbre , j'émonde
les branches qui restent , je tâche de n'y laisser ni
vide , ni touffe , je tâche de prendre un juste milieu entre décharger trop un arbre , & lui laisser une
trop grande quantité de branches ; dans le premier
cas , on n'a que des gourmands ; dans le second ,
l'arbre ne donne que des pousses foibles , & peu de
fruit. Ses branches multipliées ne sont bonnes que
pour le ruiner , elles consument en pure perte une
trop grande quantité de seve , leurs pousses sont pe-

tites, maigres, rabougries, & l'arbre lui-même n'eſt qu'une eſpece de pin.

Quand j'ai fini de tailler un olivier, je m'en éloigne de quelques pas, pour appercevoir & réparer les défauts qu'une trop grande proximité pourroit avoir dérobé à mes yeux. Par la même raiſon, après avoir taillé une olivette, j'examine tous les arbres, je jette un coup d'œil ſur l'enſemble & j'examine en particulier chaque arbre pour réparer toutes les défectuoſités, que j'apperçois.

Je finis ma taille avant le mois d'Avril, parce que dans ce mois elle occaſionne une grande perte de ſeve qui nuit beaucoup aux arbres.

ARTICLE VII.

Des maux de l'olivier, des moyens de les en préſer-
ver, ou de les guérir.

TOUT ce qui vit, tout ce qui végéte, eſt ſujet aux mêmes maux qui attaquent notre fragile exiſtence. Les animaux, les plantes, les arbres ont des maladies ; l'olivier n'en eſt pas exempt. Les froids exceſſifs, les grandes chaleurs, les ſéchereſſes, le trop d'humidité lui nuiſent, des vers deſtructeurs dévorent ſon fruit, ſes pouſſes, & ſes branches ; le ſein de la terre n'eſt pas un rempart aſſez ſolide pour les défendre contre leurs pourſuites. Ils s'établiſſent dans la ſouche de cet arbre, la rongent, en pompent les ſucs, & le privent ainſi d'une nourriture néceſſaire, dont la ſuppreſſion le fait bientôt languir.

Le froid fait périr les oliviers trop vigoureux, ceux ſurtout qui ſont en ſeve lorſqu'il gêle. Ce qui arrive quand on les a trop fumés les années précédentes, qu'on les a taillés trop court, lorsqu'on en a coupé des quartiers, des branches-meres, qu'on en a fupprimés tous les gourmands, ou qu'un hiver trop doux a mis en mouvement leur feve &c... ceux qui font plantés dans des terrains aquatiques font plus expofés à fouffrir des gêlées; j'y creufe des foffés, je deffèche ces fols, & jamais l'eau n'y croupit par ma négligence : dans ces terrains j'emploie du fumier chaud pour les défendre du froid, comme d'une trop grande humidité. Je menage mon fumier, ma taille, je coupe rarement de groffes branches, moins encore des quartiers, & toujours je conferve des gourmands, qui les remplacent, ou qui amufent la feve, en attendant qu'elle ait pris un autre cours.

Les grandes chaleurs, la féchereffe nuifent auffi à l'olivier. Dans un terrain fabloneux & fec, dans un fond pierreux je conduis en hiver comme en été l'eau des pluies aux pieds des mes arbres, afin qu'elle pénétre bien avant la terre, & qu'elle humeĉte leurs racines les plus profondes. Pour les défendre des grandes chaleurs, j'ai foin de les labourer après les pluies du printemps & avant que le hâle ait durci la terre, j'aide au befoin les arbres que je puis arrofer, & je les laboure trois ou quatre jours après. Sans ce dernier travail, mon arrofage leur feroit plus funefte que la féchereffe contre laquelle je veux les défendre. Les pluies des mois de juillet & d'Août, auffi précieufes que rares, nuiroient à nos oliviers, fi, après ces pluies, je négligeois de les labourer; le fol en deviendroit plus dur, & la terre feroit privée des bienfaits du Ciel.

Des Vers.

J'ai obfervé plufieurs efpeces de vers qui attaquent en différens temps l'olivier & de diverfes manieres. Le premier eſt une chenille, qui s'établit dans la ſouche de cet arbre. Mr. la Brouſſe qui en parle ſçavamment (pag. 23 & ſuiv.) croit qu'elle eſt la même que celles, qui rongent les poiriers, les marroniers, &c . . . . Il obſerve que quoiqu'on faſſe ététer ces arbres, ils ne s'en trouvent pas mieux, qu'ils font quelques fois des nouvelles pouſſes : mais qu'ils meurent l'année ſuivante. Le mal eſt au pied, pourquoi appliquer le remede à la tête ? Ce ſavant ajoute que pour obvier à cette mortalité, il faut répandre autour de l'olivier un panier de ſuie & l'arroſer ; que l'eau imprégnée de la ſuie pénétre les racines de l'arbre, & qu'elle en tue les chenilles : que ce n'eſt que par ce ſeul moyen, que l'olivier peut échapper au mal qui le mine. Je loue cette découverte ſans pouvoir en profiter, la cheminée de ma Maiſon Ruſtique ne me fournit pas dans un an de quoi fumer un ſeul olivier, comment ſécourir tant d'autres que je cultive ? J'ai un moyen tout ſimple : j'ôte, j'arrache la cauſe du mal, & le mal diſparoît. En creuſant une conque au pied de mes arbres, lorſque je les fume, j'examine avec ſoin s'il ne s'y trouveroit pas de vieilles ſouches, je les arrache, ſurtout quand elles commencent à ſe pourrir. Ce que je connois à leur couleur ; tant que la ſouche eſt vive, elle eſt blanche. Eſt-elle morte ? elle jaunit d'abord, enſuite elle eſt brune, elle tombe enfin en diſſolution & en pourriture. Les vers alors y pratiquent leur retraite ainſi que les fourmis, les rats &c... J'ai trouvé cette année un eſſaim d'abeilles dans la ſouche pourrie d'un vieux ſaurin.

Cette ſouche morte fait languir l'arbre & lui communique les vers qui rongent ſes racines. Je tire du pied de mes arbres toute la ſouche vieille, morte ou mourante, je fume bien mes oliviers après les avoir taillés, & mes oliviers ainſi cultivés ſe rétabliſſent parfaitement. C'eſt ainſi que je conjecture que l'olivier

malade de l'ancien Conful de Montpellier recouvra
fa vigueur. Ce Conful avoit un olivier monté fur deux
pieds, qui avoit déja perdu prefque toutes fes feuilles,
il fit arracher un de ces pieds, il y trouva quatre
chenilles; après l'avoir fait nettoyer, il le tranfplantât,
& bientôt il eût un bel arbre. Le pied qu'on n'avoit
pas arraché fut entourré de fuie, on l'arrofa & l'o-
livier profita fi bien, qu'il portoit un fac d'olives dans
les bonnes années. D'après cet expofé, le pied qu'on
tranfplanta forma bientôt un bel arbre. Quelle précaution avoit-on prife ? Celle de le bien nettoyer.
Or on ne pouvoit nettoyer ce pied qu'en tirant de fa
fouche tout ce qui étoit vermoulu, gâté, & pourri.
L'autre pied, qui n'avoit point été arraché comment
fut-il fecouru ? On l'entourra de fuie, on l'arrofa &
l'arbre fe réfit. Ne nous feroit-il pas permis de croire
qu'on creufa au pourtour de ce pied, qu'on le nettoya
comme l'autre, qu'on en tira toute la vieille fouche-
mere des deux pieds; qu'après l'avoir ainfi nettoyé,
on le fuma avec de la fuie, & qu'on l'arrofa enfuite?
C'eft-là notre méthode, c'eft ainfi précifément que
je détruis les vers qui rongent les pieds de mes arbres.
Toute la différence confifte, en ce que je me fers
de toute forte de fumier; tandis que Mr. la Brouffe
n'emploie que de la fuie.

Voici comment cette fouche meurt : on coupe des
oliviers jufqu'à la fouche, après des hivers cruels,
qui les ont fait périr. Ces fouches pouffent nombre
de rejetons, qui fe nourriffent d'abord uniquement de
la fouche-mere & de fes racines ; ces rejetons font
enfuite des racines & des fouches qui lui font propres,
qui les foutiennent, & les alimentent de concert
avec la fouche-mere. Dans la fuite des temps, ils ne
fe nourriffent plus que de leur propre fouche, & de
leurs racines. Alors la fouche-mere périt, elle tombe
en diffolution, & les vers l'attaquent; elle eft à

charge aux pieds qu'elle a pouffé, qu'elle a nourri dans leur jeuneffe, elle fe deffèche, les fait languir, & leurs feuilles tombent. Le mal ainfi connu, il eft facile d'y appliquer le remede convenable. Celui que j'emploie eft fimple, il eft naturel, il fe trouve entre les mains de tous les cultivateurs. J'en ai fait mille expériences, toutes m'ont réuffi.

A peine l'olivier commence-t-il à végéter qu'on voit des vers fur fes branches dévorer l'efpérance de nos récoltes. C'eft une petite chenille que nos cultivateurs appellent *niéron*. Elle s'introduit indifféremment dans les pouffes à fruit & dans celles à bois, elle dévore les boutons & les germes. Parfaitement femblable à un vers-à-foie nouvellement éclos, elle en differe feulement en ce que celui-ci eft brun foncé, & l'autre eft blanc. Cet infecte fairoit des ravages infinis, fi fa vie étoit longue; heureufement il périt prefque en naiffant.

On voit enfuite paroître un autre ver femblable à un puceron couvert d'un duvet cotoneux, d'un beau blanc; après qu'il a crû, ce puceron eft de couleur purpurine, on le voit rempli d'une liqueur rouge comme le kermès. Quand on voit fur nos oliviers beaucoup de ce coton, on craint pour la récolte; cet infecte s'attache principalement aux *rafinets* des oliviers, les deffèche & les fait périr. J'appelle *rafinet de l'olivier*, les boutons, ou les fleurs de cet arbre réunies fur une même queue, au nombre de quinze, de vingt & même davantage, en forme de grappes de raifins. J'ai vû fur nos oliviers pour la premiere fois aux mois d'Avril & de Mai de l'année 1781, un infecte d'une efpece nouvelle, il étoit de couleur d'un verd-d'olive-pâle, de la forme des poux, qui affligent de temps à autre nos figuiers, nos orangers, &c.... comme eux il étoit intimement attaché à l'écorce des jeunes branches & le nourriffoit de leur fubftance. C'eft le feul

ver de nos oliviers, que j'ai vû attaqué par les fourmis.
Je crois qu'on ne sauroit prévenir ces différens
maux ; je ne vois pas comment on pourroit y remédier. Mr. la Brousse (pag. 38.) propose un moyen
dont il dit avoir fait l'épreuve aux années 1770. 1771.
1772. Sur plusieurs oliviers attaqués des vers & des
cirons. Il jetta sur chaque arbre quatre poignées de
cendre , dans un temps calme ; il remarqua que ces
oliviers devinrent de jour en jour plus verts, & qu'un
mois après ils furent délivrés d'une partie de ces insectes. Il ajoute qu'il fit la même expérience avec de
la chaux pulvérisée : mais que le succès ne fut pas
le même.

Lépre ou Rasquete des Oliviers.

On prétend que la *lépre* ou la *rasquette* de l'olivier
est occasionnée par la piqûre d'un ver, qui s'insinue
dans l'écorce des jeunes branches, s'y loge dans le
bois, & se nourrit de la substance de l'arbre : que
la seve s'extravase autour de la piqûre de cet in-
secte, qu'elle se réleve en bosses, qui s'ouvrent &
forment plusieurs plaies rondes sur les branches malades. Ce sont ces plaies, ces bosses, qu'on appelle
Lépre ou *Rasquete*. On prétend encore que ce mal se
guérit, en taillant court, autant qu'il est possible, les
branches lépreuses ; qu'il faut couper encore toute la
seve extravasée, toutes les bosses, qui se trouvent sur
les branches, qu'on n'a pas abattu à la taille. On
assure que le ver périt par cette opération : que la
plaie se récouvre, & que la seve réprend son cours
naturel. On sent que cette opération est pénible, surtout quand le mal est multiplié. J'ose dire que ce
remede n'est pas infaillible ; j'ai vu bien des cultivateurs se plaindre avec raison du peu de succès de cette

pratique. J'ai obfervé que cette lépre fort même des plaies faites par la ferpe, lors de la taille des oliviers malades. J'ai dans un de mes vergers un arbre lépreux, fur lequel j'ai fouvent réïtéré cette expérience ; elle a toujours été fans fuccès. Cet olivier à conftamment pouffé de nouvelles branches, que j'ai vû bientôt couvertes de lépre.

L'agriculture eft enfin parvenue à connoître l'origine, la caufe principale d'une autre efpece de ver, qui s'attache à l'olivier, fe nourrit de l'écorce interne des petites branches, qu'il dévore furtout à leur bifurcation. Ce ver reffemble parfaitement au *ciron*, qui ronge les pois, les feves, &c.... D'abord ver, il devient enfuite Papillon. (*a*) Il couvre fes aîles de deux écailles. Son corps eft de couleur brune. Il a la tête noire, à fes côtés font deux antenes de la même couleur ; au-deffous, deux ferres, & plufieurs pattes. Il vole d'un arbre à l'autre, pique les plus petites branches, & coupe les nouvelles pouffes. Cependant la feve en eft arrêtée ; l'efpérance des branches à fruit détruite, les rameaux languiffent, fe dépouillent de leurs feuilles, & le moindre vent fuffit pour les faire tomber. Tel eft l'affreux & trop reffemblant portrait que nous a fait Mr. la Brouffe de ces vers & de leur dévaftation. Les cultivateurs attentifs ont cherché à connoître la caufe & l'origine de ces infectes, & ils font enfin parvenus à les éloigner de nos oliviers. D'après leurs obfervations & leurs expériences, pourrai-je me priver de faire connoître leur origine, les moyens de les prévenir & de les détruire.

Ces vers parurent fur nos oliviers en 1767. Ils fe

_____

(*a*) Voyez Mr. la Brouffe pag. 32.

multiplierent les années fuivantes , peu-à-peu ils fe
différent. Ils reparurent encore avec plus de rage ,
& en plus grand nombre , en 1776 ; nos oliviers en
font aujourd'hui entiérement délivrés. L'expérience
nous apprend que les arbres qui furent maltraités
par le froid dans les années 1766, 1767, 1768 &
1775 , ont beaucoup fouffert du ciron. J'ai obfervé
que ceux que les froids avoient fait périr , & qu'on
laiffoit fur leur tige dans l'efpérance de les voir re-
pouffer , furent criblés par ces infectes , depuis le pied
jufqu'aux plus petites branches : que ceux qui ne furent
pas entiérement perdus furent auffi attaqués par ces
vers & que lorfque la feve fut en mouvement, l'on
vit fortir des piqûres de ces arbres une efpece de
gomme réfineufe , en forme de perle : que ceux au-
contraire , qui n'avoient pas été maltraités par les
froids furent refpectés des vers, les premieres années ;
& que la contagion fut moins cruelle pour eux les
années fuivantes. Mr. la Brouffe donne la raifon de
cette différence. » Dans les grands froids , (dit-il,
» page 33) la feve des oliviers fe dilate , leur écorce
» éclate & fe fend.... Ces fentes interceptent le
» cours de la feve. Tout cela caufe une mortifi-
» cation dans ces parties qui dégénere en vermou-
» lure ; cette pouffiere attire les cirons qui aiment
» à s'en nourrir. » Ne pourroit-on pas dire encore ,
que le bois de l'olivier mort , malade ou mourant
perd beaucoup de fon âpreté , de fon amertume , &
que le ciron s'en nourrit plus volontiers. Il eft de
fait que le bois fain , qu'on a retranché de l'olivier
par la taille , devient la proie de ces vers , toutes
les fois qu'on le laiffe en pleine campagne ; tandis
que fi on a foin de l'enfermer, on le conferve plufieurs années , fans qu'on y apperçoive la moindre
piqûre. Ce fait eft fi affuré , qu'un propriétaire peut
forcer fon voifin de tirer de fes olivettes tout le bois

coupé , de peur que le Ciron , qui infailliblement atta-
queroit ce bois mort ne paſſat du bois coupé , aux
arbres , & que le mal ne ſe communiquat d'un olivier
à l'autre ; dans la crainte du même inconvénient les
bergers brûlent avant la belle ſaiſon , les reſtes des
rameaux d'olivier, dont leurs brebis s'étoient nourries.

De tous ces faits , il ſemble qu'on pourroit conclure que la langeur , les maladies , la mortalité des
oliviers ſont la cauſe principale , la vraie origine des
Cirons qui les dévorent : que des oliviers morts ou
malades, ils ſe communiquent aux oliviers ſains : que
ce n'eſt que caſuellement que ces vers attaquent nos
arbres ; que leurs graines ne ſont pas dépoſées ſur les
troncs, les branches , & les feuilles des oliviers ; puiſ-
que ces feuilles , ces branches , ces troncs ne ſont
point piqués de vers , lorſqu'on a ſoin de les enfermer. Peut-être pourroit-on auſſi en conjecturer que
ces vers ne différent point de ceux qui mangent les
pois , les feves , &c. . . qu'on appelle charançon *gour-
gouſſons* ; du moins ils en ont la forme & la voracité.

Les moyens de détruire , & d'éloigner les cirons ,
qui profitent des dommages que les hivers rigoureux
ont porté aux oliviers , ſont faciles & peu couteux ,
dit M. la Brouſſe (pag. 35) 1°. labourer les champs
d'oliviers avant l'hiver, 2°. émonder ces arbres toutes
les années , s'il eſt poſſible , 3°. les fumer légérement. Ces trois moyens, continue cet Obſervateur, ſont
aſſurément bien ſimples ; & cependant ils ſont capa-
bles de faire déſerter en peu de temps cette multi-
tude de vers qui déſoloient les oliviers. Ces trois
moyens ne le raſſurent cependant pas , il en propoſe
un plus ſûr , c'eſt d'abattre dans le mois de Mai au
plus tard , toutes les branches mortes ou malades en
les coupant au-deſſous de la loge des vers , à l'endroit où l'arbre eſt encore ſain. Il recommande d'a-

voir foin d'enlever & de porter au loin toutes les branches coupées, il obferve que ce moyen feroit plus efficace, fi chacun à l'exemple de fon voifin, le mettoit en pratique ; il affure qu'on parviendroit par là à l'entiere deftruction de ces infectes. Sa prophetie s'eft accomplie, nos oliviers font délivrés de ces vers deftructeurs, j'ai fuivi la méthode qu'il a propofée, du moins je m'en fuis peu écarté, j'ai labouré mes oliviers à la fin de l'hiver ou au commencement du printemps, & deux fois encore dans la belle faifon. J'ai fumé mes arbres, qui étoient attaqués des Cirons ; je les ai taillés toutes les années, je les taillois très-court, & toujours fur le nouveau ; depuis le commencement du printemps jufqu'après l'automne, j'ai coupé toutes les petites branches que ces infectes rongoient. Il eft facile de les connoître, elles fe deffechent, leurs feuilles, jaunes d'abord ; deviennent enfuite rouges & ces branches cironées reftent enfin dépouillées de leurs feuilles, quoique le ver fut mort, ou que le ciron fe fut envolé, je deftinois au feu ces branches viciées, crainte que leur mortification, leur vermoulure ne donna naiffance à des infectes nouveaux. Cette même raifon me force encore à préfent de retrancher de mes oliviers tout le bois mort en quelque faifon que je l'apperçoive, de ne jamais laiffer dans mes vergers les branches ni les troncs coupés lors de la taille ; & fi malheureufement des froids trop violens affligeoient à l'avenir nos oliviers, je couperois jufqu'à la fouche mes arbres entièrement morts, & je taillerois bien court ceux qui n'auroient perdu que leurs branches ou leurs nouvelles pouffes. Il feroit à fouhaiter que chaque propriétaire agît felon cette méthode. C'eft le feul moyen de prévenir ces vers dévorans. Ce moyen n'étoit pas ignoré de la plupart de nos Cultivateurs, en 1766 lors des premiers froids, dont j'ai parlé, ils

eurent

eurent foin de s'y conformer, ils gémissoient publiquement de ce que des propriétaires sans expérience laissoient sur pied des arbres, qui ne donnoient aucun signe de végétation. Ils prévirent que ces arbres feroient les premiers attaqués des cirons : que ceux-ci dévasteroient ensuite les oliviers que les froids avoient épargnés ; qu'ils passeroient de terroir en terroir, de quartier en quartier ; & que successivement ils feroient des ravages infinis dans presque toute la Provence : malheureusement l'événement a justifié leur crainte.

Enfin il est un ver, qui ronge les fruits de nos oliviers. M. la Brousse & avant lui M. Sieuve ont cru avoir trouvé une espece de goudron pour en préserver l'olive ; l'un se réserve le secret de son invention, l'autre donne au public sa recette ; » prenez, nous » dit-il, (pag. 43) vingt-cinq livres guitran ; autant » de poix noire ; faites bouillir légérement ces ma- » tieres dans un vase de terre, remuez-les, avec » une spatule de bois pendant leur dissolution ; tirés » ce mêlange du feu après qu'il aura resté un demi- » quart d'heure, avant de l'appliquer à l'arbre il faut » le faire tiédier » ou l'appliquer chaud avec un pinceau de barbouilleur (ibid pag. 42) en décrivant autour du pied de l'olivier & au-dessous des fourches, un anneau de six pouces de large, chaque fourche demande un anneau particulier. Cette opération devroit se faire dans le mois d'Avril par un temps sec, sans brouillard, ni rosée, après avoir bien vergeté l'endroit où l'on doit appliquer le goudron ; celui de M. Sieuve couteroit deux sols pour chaque pied ; en employant celui de M. la Brousse, tout compte fait, la dépense pour chaque pied monteroit à un sol.

Les Cultivateurs ont négligé ces goudrons ; leur prétendue efficacité part d'un principe faux. On suppose que les œufs de ces insectes sont déposés dans

E

les cavités que forment les écorces mortes du pied
de l'olivier, on voudroit prévenir le développement
de ces œufs, les empêcher par cet anneau de goudron
de grimper fur les branches & d'atteindre aux olives. Dans cette fuppofition ne feroit-il pas plus fimple
d'ôter du pied des oliviers toutes ces écorces mortes ;
de bruler ou d'enfouir ces prétendues dépofitaires de
la population de ces vers qui périroient ainfi avec
elles ; (a) il en couteroit moins aux cultivateurs, &
de plus les oliviers feroient délivrés de ces vieux haill-
lons. Mais ce qui démontre la fauffeté de cette fuppofition, c'eft que les fruits des oliviers jeunes, dont
l'écorce eft encore liffée & unie ; ceux des oliviers dont
on a foulagés les pieds de leurs écorces vieilles & ger-
cées, tous ces fruits font dévorés par les mêmes vers
& de la même maniere, que les olives des arbres,
dont les pieds font couverts de ces écorces mortes &
entre-coupées de gerçures.

J'aurois voulu que M. Sieuve nous eut appris dans
quel pays de la Provence, il a fait fes expériences
& fes obfervations. Ou font avant le mois de juillet
ces olives *trop dures*, qui ne peuvent pas être atta-
quées par les vers ? (b) qui de nous ignore qu'au commencement de Juin l'olive n'eft pas encore formée,
qu'alors l'olivier eft en fleur, qu'à la fin de ce mois

(a) Je ne faurois trop recommander cette méthode : l'é-
corce vieille, fes gerçures retiennent l'eau des pluyes, les
gelées blanches, la neige ; fi elles viennent à fe congêler fur
l'arbre. Il en périt où il en eft très-maltraité. Mille différens
infectes y dépofent l'efpérance de leur propagation, &c...
c'eft au mois de Mars que je fais annuellement cette opération.

(b) Dans nos Provinces feptentrionales on croit qu'on peut
cueillir aux mois de Juin & Juillet des olives pour les faler &
confire. Ce n'eft qu'en Septembre & Octobre qu'elles font
affez groffes. Voyez cet erreur dans l'Encyclop. &c.

on a bien de la peine a appercevoir son fruit ; & que
ce fruit est précisément ce qu'il y a de plus tendre
sur l'arbre ?

Le combat de la fourmi avec le ver des olives est
une agréable fiction, (a) qui n'est pas même vrai-
semblable. A-t-on souvent vu sur les olives, la fourmi
inquiéte, & vorace courir de tout côté, chércher à
découvrir une seconde ouverture faite par le ver, pénétrer avec assurance dans cette ouverture, attaquer
l'ennemi dans ses retranchemens, y porter l'allarme,
le mettre en fuite, le poursuivre, s'emparer de lui,
l'emporter auprès de ses compagnes & partager avec
elles sa proye ?

La précaution du ver de boucher avec ses excre-
mens l'ouverture qu'il a faite en entrant dans l'olive,
est contraire à des observations multipliées, elle suppose que le ver s'insinue dans l'olive & qu'il la perce
extérieurement pour y entrer. Il est de fait certain
que tant que le ver est dans l'olive, l'olive est parfaitement entiere à sa superficie. Sa peau est-elle percée ?
le ver, ou la mouche en sont sortis. Souvent le ver
dévore premiérement l'amande, qui est dans le noyau,
il en sort du côté de la queue, qui est la partie la
moins dure de ce noyau, la chair de l'olive & sa
peau restent intactes, la queue est rongée, le noyau
percé, l'amande mangée, & l'olive tombe. Quelquefois le ver ne trouve pas le moyen de sortir de ce
noyau, il y périt faute de nourriture, l'olive parfaitement saine tombe ; on trouve sa peau, sa chair, sa
queue intactes, & son noyau sans ouverture. Il faut
l'écraser pour connoître la cause du mal, & à la place
de l'amande, on trouve le ver qui l'a dévorée. Mais
comment le ver peut-il naître & croître dans le

_____

(a) V. M. Sieuve pag. 16 & f.

noyau d'une olive qui n'eft point perdée ? comme il
croit & nait dans les légumes & les autres fruits,
qui ne font point extérieurement piqués. L'œuf qui
produit ce ver monteroit-il dans l'olive au moyen de
la feve, qui la nourrit ? ou peut-être la mouche l'au-
roit-elle dépofé dans ce fruit, quand il étoit encore
tendre ? c'eft ici un myftere de la nature, que nous
n'avons pas encore pénétré.

Que les noyaux des olives dévorées par les vers
foient beaucoup plus gros que ceux dès olives faines,
(a) parce que ceux des olives piquées, fe trouvant
décharnés par les vers & comme ifolés dans l'intérieur de l'olive, reçoivent pour eux-mêmes les fucs
nourriciers, qu'ils ne peuvent plus communiquer à
leur fruit, c'eft encore ici une pure idée. Le fruit
de l'olivier eft compofé d'une amande, d'un noyau,
& de la chair. Quand l'amande feule périt, le noyau
& la chair tombent ; quand la chair eft attaquée l'a-
mande & le noyau fouffrent, & pour peu que le
ver faffe du progrés, l'olive tombe. Nous pouvons
dire qu'on n'a jamais vu un noyau, ifolé dans l'intérieur d'une olive dévorée, croître & s'engraiffer ; nous
verrions plutôt un chien écorché, s'engraiffer d'une
fubftance qu'il ne pourroit plus communiquer à fa
peau. Pourquoi ? parce que cet animal fe pafferoit
plutôt de fa peau, que l'olive de fa chair.

Enfin ce qui montre la fuppofition manifefte de
toutes ces opérations, de ces obfervations fans nombre, de ces expériences plufieurs fois réitérées, &
toujours fans témoins, c'eft la production de l'huile
que cet Auteur (pag. 41) dit avoir tirée des olives.
S'il faut le croire fur fon affertion, il a fait détriter
fous fes yeux, d'abord & en différentes réprifes trente-

(a) V. M. Sieuve pag. 46.

cinq livres, treize onces d'olives, enfuite fix livres trois
onces : après avoir réitéré cette expérience quatre,
cinq, fix fois en différentes années, & en divers can-
tons, il a trouvé toujours à-peu-près le même produit d'huile. Mais dans quel moulin de la Provence
détrite-t-on fix livres trois onces d'olives ? Dans quel
moulin peut-on répéter plufieurs fois dans l'année
cette opération ? Et dans quel pays de la Provence
l'Auteur de ce journal a-t-il trouvé cette efpece d'o-
lives précieufes dont trente-cinq livres une once lui
ont produit douze livres trois onces d'huile ? Cette
découverte enrichiroit véritablement nos campagnes.

Je ne connois point de moyens pour préferver l'o-
live, ainfi que les autres fruits de la piqûre des vers.
Pour éviter les plus grandes fuites de leur voracité,
je détrite même au mois d'octobre les olives que j'ai
fait ramaffer à terre, elles me donnent une huile
abondante & parfaitement bonne, pourvu qu'elles
foient encore fraiches quand on les met fous la meule.
Je fais cueillir celles qui font fur les arbres le plutôt
poffible pour en extraire l'huile ; c'eft ainfi que je
conferve ma récolte dans ces années triftes ou ces
vers font des ravages. Et fi l'on pouvoit admettre
les leçons de Mr. Sieuve, cette pratique détruiroit
entiérement ces infectes ; il fuffiroit que les olives fuffent
détritées avant le 15 Décembre (ce qui arrive fouvent
furtout lors des récoltes modiques) puifque jufqu'à
cette époque, ces vers refteroient dans l'olive fans
mouvemens & fans action. De plus les froids ex-
ceffifs, qu'on fent alors, même fur les côtes méridionales de la France, qui fouvent font périr nos
oliviers, nous en délivreroient en faifant périr leurs
mouches naiffantes, avant qu'elles euffent pû travailler à fe multiplier & à fe réproduire.

Les lapins trop multipliés nuifent cruellement aux
jeunes oliviers, aux rejetons furtout, ils rongent l'é-

corce du pied fouvent d'une maniere circulaire. Cette plaie fait languir l'arbre, quelquefois il en meurt. La bienfaifance des Seigneurs, l'utilité de leur vaffaux, leur propre avantage font des motifs bien preffants pour arrêter leur ravage dans fa fource.

Après avoir détaillé toutes mes obfervations fur la culture de l'olivier, je vais expofer la meilleure maniere d'en extraire l'huile autant pour la quantité que pour la qualité.

ARTICLE VIII.

De la meilleure maniere d'extraire l'Huile des Olives tant pour la quantité que pour la qualité.

IL faut convenir avec Mr. Sieuve (pag. 55.) que la bonne ou mauvaife qualité des huiles dépend du temps où l'on doit cueillir les olives, de la maniere d'en extraire l'huile, & des vafes où on les conferve.

La cueillette des olives eft le premier principe de la bonne ou mauvaife qualité des huiles, de leur moindre ou plus grande abondance. Or ce temps, dit Mr. Sieuve, n'eft que celui de la maturité de l'olive. Le prévenir c'eft empêcher le fruit d'acquérir tous les fucs néceffaires pour donner une huile abondante, (il eft d'expérience avouée que l'huile en eft plus fine;) laiffer paffer ce temps, c'eft s'expofer à n'en retirer que des fucs appauvris & fans fubftance; c'eft s'expofer à perdre entiérement fa récolte.

Mr. Sieuve nous reproche de tomber en Provence dans ce dernier inconvénient : il fuppofe que nous attendons prefque toujours le mois de Décembre & quelquefois celui de Janvier pour cueillir nos olives.

C'eſt à cette négligence qu'il attribue cette mauvaiſe qualité d'huile, cette odeur forte & déſagréable qui s'exhale de nos huiles communes.

Il a obſervé (pag. 57) que l'olive paroît d'abord ſous la couleur d'un *vert très-foncé* d'où elle paſſe (à la fin d'Octobre & au commencement de Novembre) ſucceſſivement à quatre couleurs différentes : *citrine , rouge purpurin , rouge vineux* ; & que vers la fin de Novembre ; elle devient d'un *rouge noirâtre.* Il croit que cette derniere couleur eſt le ſigne infaillible de ſa parfaite maturité , que c'eſt après qu'elle s'eſt colorée de ce *rouge noirâtre* qu'elle doit être cueillie. Il n'excepte de cette régle que le plant ſauvage qu'il permet de cueillir un peu avant ſa maturité.

Le reproche que cet Auteur fait à toute la Provence eſt trop général ; il y eſt preſque univerſellement reçu de cueillir les olives immédiatement après la St. Martin , & il ſeroit à ſouhaiter qu'on commençat plutôt , & qu'on ſe conformât au proverbe de nos peres qui nous apprend que pour la Touſſaint l'olive à toute ſon huile : *Quand l'oli l'eſt pas à Touſſant , l'eſt pas de tout l'an.*

Mais pourquoi renvoyer après la St. Martin d'en faire la cueillette , & pourquoi dans bien des pays, la fait-on plus tard encore ? Ici , c'eſt erreur , c'eſt faute d'obſervation. On s'imagine que plus l'olive reſte ſur l'arbre , plus elle abonde en huile. On voit dix meſures d'olives peſant environ 400 livres ne produire au commencement de Novembre, que 60 ou 65 liv. d'huile ; tandis que ce même nombre de meſures en donne à la fin de Décembre quatre-vingt , quatre-vingt-cinq livres , & ſouvent davantage. On croit en conſéquence qu'en attendant la fin de Décembre , on ſe procurera un quart & même un tiers plus d'huile que quand on cueille les olives au commencement

de Novembre. On ne fait pas attention. 1°. Que les
huiles fabriquées en Décembre valent beaucoup moins
que celles de Novembre ; parce qu'en Décembre la
plufpart des olives tombent & qu'il n'eft pas rare
d'en trouver alors, même fur les arbres, qui font
gâtées, moifies, ou pourries. 2°. Les froids, la gêlée-
blanche, la bife rident & deſſéchent les olives ; on
fent qu'il en entre plus de ces olives féches & ridées
dans une mefure que des olives belles, groſſes & ver-
meilles telles qu'on les voit au commencement de
Novembre. Il eft certain que le même nombre d'o-
lives qui remplit dix mefures à la fin de Décembre,
pour la Touſſaint en auroit donné douze & même
quinze : voici une démonftration de cette vérité. Qu'on
prenne vingt-cinq émines d'olives ridées qu'on a cueillies par un temps froid, qu'on les renferme dans
un grenier chaud, qu'on les mefure un ou deux jours
après ; on trouvera de 28 à 30 émines. Autre expérience : dix émines d'olives cueillies un jour de bife,
un jour froid, rendront à-peu-près foixante & quinze
livres d'huile, qu'à cette bife, qu'à ce temps froid
fuccede des temps doux, de ces beaux jours d'hiver, qui ne font pas rares en Provence, les mêmes
mefures d'olive rendront beaucoup moins d'huile quoiqu'on les ait cueillies plus tard que les autres. De
ces expériences il eft naturel de conclure que les olives
qu'on cueille au cœur de l'hiver rendent plus qu'au
commencement de Novembre, non pas parce qu'elles
ont acquis plus d'huile, étant cueillies plus tard : mais
parce que les froids les ayant ridées, il en entre
beaucoup plus dans la même mefure.

Ce n'eft donc pas un profit de commencer la
cueillette des olives plus tard que pour la Touſſaint,
c'eft plutôt une perte véritable, perte très-confidé-
rable fi l'on fait attention que prefque tous les animaux, tous les oiſeaux terreftres & aquatiques fe

nourriffent des olives, dont ils font une confomma-
tion très-notable. Qu'on ajoute à cette perte, une
autre qui n'eft pas moins réelle, celle des olives que
les pluies emportent, qu'elles enterrent, celles qui
fe moififfent, qui fe gâtent, & fe pourriffent. Tout
bien examiné, il eft certain qu'on aura bien de la
peine, à la fin de Décembre du cueillir cinquante
émines d'olives dans une olivette qui en auroit fourni
jufqu'à cent, fi on l'avoit cueillie au commencement
de Novembre. Ces 50 émines ne rèndront jamais le
produit qu'on auroit tiré, fi on les eût cueillies pour
la Touffaint.

Mais pourquoi prefque par-tout on ne commence
la cueillette des olives qu'après la St. Martin ? Cette
queftion n'eft pas bien difficile à réfoudre. C'eft que
les fabricants, c'eft ainfi que nous appellons les
marchands qui achetent des olives pour vendre l'huile
qu'ils en fabriquent, c'eft que ces fabricants, dis-je,
veulent fçavoir le prix qu'ils auront de leurs huiles,
ils veulent connoître le produit des olives, avant d'en
acheter ; ils veulent attendre les gêlées - blanches qui
les rident, les defféchent pour que la mefure con-
tienne plus d'olives & qu'elle rende par conféquent
plus d'huile : on fçait que les gêlées ne fe font fentir
pour l'ordinaire qu'après le 20 ou le 25 Novembre
on ne peut connoître les divers produits des olives
qu'après des expériences différentes, on ne connoît
le prix des huiles nouvelles qu'à la foire de Salon,
où les fabricants traitent des huiles avec les Com-
miffionnaires & les Marchands d'huile ; cette Foire
ne fe tient que pour la St. Martin. Voilà pourquoi
on ne commence qu'après cette époque la cueillette
des olives, qu'on veut vendre. Mais pour les olives
que les Cultivateurs, les Propriétaires, les fabricants
eux-mêmes détritent & qu'ils cueillent dans leurs propres fonds, ils commencent d'en faire la cueillette

au commencement de Novembre, ils font perfuadés qu'alors l'olive ne gagne plus rien fur l'arbre, & que quand même elle pourroit acquérir encore quelques fucs huileux; ils font très-amplement dédommagés de cette perte. 1°. Par la meilleure qualité de l'huile. 2°. Parce qu'il en coûte moins de cueillir les olives. 3°. Parce qu'on arrache ces fruits à la voracité des Vers, des oifeaux & des animaux qui s'en nourrif- fent. 4°. Enfin parce qu'une fois qu'on a ramaffé fes olives, on n'eft plus expofé à voir périr fa récolte par les gêlées, des neiges, par des froids violents, des tempêtes terribles, des pluies continuelles, &c. &c.

La cueillette des olives dure fouvent deux mois & quelquefois davantage je ne puis donc pas les cueillir toutes au moment précis qu'elles font colorées, au moment de leur maturité; pour le faifir ce moment je commence ma cueillette par les olives qui font les plus groffes, les mieux nourries, les plus rares & par conféquent par les plus belles. Je les trouve fur les oliviers taillés dans l'année. Ces olives font plutôt mûres, elles tombent plus facilement, & font plus fujettes à fe pourrir. Voilà pourquoi je les cueille les premieres, je fais cueillir enfuite, celles qui font les plus colorées; & je réferve les plus vertes pour les dernieres : par la raifon, qu'elles tombent, fe pour- riffent, & fe moififfent plus difficilement que les autres.

L'obfervation de M. Sieuve de ne cueillir l'olive qu'après qu'elle eft colorée d'un *rouge noiratre* part d'un faux principe; elle fuppofe que les olives mûres font toutes d'une même couleur *rouge noiratre*. On en trouve cependant de rouges, de noires, de rouges panachées de noir, de vertes, & même de blan- ches, dans leur plus grande maturité. Ce qui dépend des efpeces diverfes, des faifons, & de la récolte plus ou moins abondante, plus un arbre eft chargé, moins fes olives se colorent. Les olives qui paffent fucceffivement de la couleur verte aux couleurs *citrine*, *rouge purpurin*, *rouge vineux*, *rouge noiratre*, font trop mûres quand elles font parvenues à cette der‑ niere couleur. Il vaut mieux les cueillir quand elles paffent de la couleur *citrine* au *rouge purpurin*. L'huile qu'elles rendent eft beaucoup plus douce, plus claire, plus lampante que quand ces olives font parvenues à la couleur de rouge vineux ou de rouge noiratre, elles donnent alors une huile plus graffe plus unguineufe, par conféquent moins fluide & moins fine que lorf‑ qu'elles ne font colorées que d'un *rouge purpurin*.

En Provence nous n'examinons point les olives au microfcope, nos fabricans d'huile ne fe rejouiffent pas d'en trouver qui aient leur chair vermeille, remplies d'un fuc abondant qui les rende douces & flexibles, ils aiment mieux ces olives ridées, arides dans lef‑ quelles M. Sieuve (pag. 59) n'apperçoit que quelques veftiges de liqueur. Celles-ci donnent une huile très‑ abondante, tandis que les autres tant vantées ne con‑ tiennent prefque rien autre qu'une liqueur aqueufe qui n'eft d'aucune utilité.

Pour donner à l'huile une qualité douce, limpide & qui ne foit pas fujette à la ranciffure, ce même auteur (pag. 61) veut qu'on ait la précaution de *féparer les chairs des olives, d'avec le noyau, & de n'extraire que l'huile des chairs*. Il prévoit avec fon‑ dement que cette méthode nouvelle, & inconnue jufqu'à lui, paroîtra d'abord furprenante, & même impraticable; pour en démontrer l'exécution, il ima‑ gine des expériences qu'il n'a jamais faites.

Cinquante livres d'olives bien faines lui produifirent 38 liv. 1 once de chair, les noyaux peferent onze livres, il manquoit quinze onces qui furent perdues dans le détail de l'opération.

Il fit caffer les onze onces de noyau pour en reti‑

ver les amandes , elles pesevent 3 liv. 7 onces & le
bois de ces noyaux sept livres deux onces ; dans cette
derniere opération il périt encore sept onces. Voici
leur produit.

Les 28 liv. 1 once des chairs d'olive mises sous
le prefloir , rendirent net dix livres d'huile & les
amandes en produifirent une livre quatorze onces, enfuite il paffa fous la meule les 7 liv. 2 onces du bois
des noyaux , ce bois *réduit en pate* donna trois liv.
quatorze onces d'huile.

Pour examiner les bonnes & les mauvaifes qualités
de ces différentes efpeces d'huile il expofa (pag. 67)
au midi cinq bouteilles numerotées : l'une remplie
de l'huile extraite des chairs des olives ; l'autre , de
l'huile provenant de l'amande ; la troifieme , de l'huile
tirée du bois des noyaux ; la quatrieme étoit remplie
d'un mélange de ces trois huiles ; il mit enfin dans
la cinquieme bouteille de bonne huile extraite fuivant l'ancienne méthode.

Après trois ans de fermentation , il trouva l'huile
de chair intacte , d'une couleur citrine , d'une odeur
douce , & agréable au goût.

L'huile des amandes étoit devenue jaunatre , d'un
goût piquant , & corrofif ; elle occafionnoit des ulceres
dans la bouche.

L'huile extraite du bois étoit dénaturée , vifqueufe,
épaiffe , d'une couleur noire , & d'une odeur infup-
portable.

La quatrieme bouteille , qui contenoit le mélange
de ces trois qualités renfermoit une huile trouble ,
obfcure , rance , forte & défagréable.

La cinquieme enfin , qui étoit remplie d'huile extraite felon l'ancienne méthode , renfermoit auffi une
huile trouble , rance , forte & défagréable.

De ces expériences , l'auteur de cette brochure,
(pag. 73) conclut que c'eft à l'amande & au bois

des noyaux que nos huiles doivent ce qu'elles ont de
défectueux : que notre méthode de détriter les olives est vicieuse & que celle qu'il propose, *seroit utile*,
précieuse, *& salutaire*, elle doit procurer une huile
plus abondante, plus parfaite, & moins sujette à la
rancissure ; huile, qui par sa douceur & sa pureté
seroit dès-lors analogue à la santé, & plus propre à
la conservation des chairs des poissons & surtout aux
différens remedes où l'on est en usage de l'intro-
duire. Il n'est pas même jusqu'à l'Horlogerie, cou-
tellerie, Serrurerie, &c. . . . qui ne dut tirer de
très-grands avantages d'un nouveau moulin qu'il
propose.

(Page 88 : &c. £.) Son méchanisme consiste dans un
bâtis qui renferme une caisse soutenue horisóntale-
ment & en équilibre par un axe transversal placé
au-dessous de la caisse, pour l'incliner selon le besoin.

Cette caisse est séparée en deux parties par une
table horisontale : la premiere partie est destinée pour
recevoir les olives, & la seconde les sucs huileux qui
en résultent lorsqu'on les détrite. La surface supé-
rieure de la table est cannelée en lignes droites &
paralelles à l'axe ; les cannelures sont trouées par
distances, pour donner passage aux sucs huileux dans
la partie inférieure de la caisse & retenir en même-
temps tous les noyaux.

A l'une des extrêmités de cette caisse est pratiqué
un entonnoir par où les sucs huileux vont se décharger & filtrer au travers d'une chausse de flanelle atta-
chée au bout de l'entonnoir sous lequel est placé un
baquet pour les recevoir.

Jusqu'ici ce moulin à huile est presque entiérement
conforme à nos fouloirs à raisin ; ce qui suit paroît
avoir été emprunté de nos moulins à farines.

Au-dessus de cette caisse est une piece de bois cannelée en dessous que l'auteur nomme *détritoir*, il

tient lieu de la meule, du moins il en fait les fonctions. A l'une des extrêmités de cette caisse est une
trémie dans laquelle ou verse les olives. Sa partie inférieure est terminée par une coulisse ou soupape,
dont la queue percée d'une mortoise, reçoit une che-
ville plantée sur le détritoir : & par l'impulsion qu'on
donne au détritoir, on ouvre & on ferme alternativement cette soupape, dont l'action fournit successivement des olives dans la caisse.

(Page 93.) Voici l'usage de ce moulin : on fait
une couche d'olives de *quatre à cinq doigts d'épais-
seur* sur la table trouée & cannellée : on baisse ensuite le détritoir sur cette couche d'olives, de maniere que l'impulsion qu'on lui donnera puisse faire
rouler les olives sur les cannelures ; & en détacher
les noyaux. La trémie doit toujours être pleine d'o-
lives, afin que l'*ouvrier* en les détritant s'en fournisse
lui-même par l'action de la soupape. On dépose dans
des jarres ces huiles filtrées par la chausse ; on ne
les transvase qu'après les y avoir laissé reposer l'espace
de *quinze jours*.

Comme l'auteur, qui vraisemblablement n'a jamais
vu extraire l'huile des olives, suppose que cette huile,
filtrée par la chausse, se tire sans le secours du pressoir, il ajoute que puisque les chairs des olives forment un marc, qui contient encore beaucoup de
sucs huileux, on mettra ce marc dans des sacs de
molleton d'environ deux pieds en quarré ; qu'on les
placera ensuite chacun en particulier, sous un pressoir,
de façon que l'ouverture du sac soit toujours adaptée
sous le plateau supérieur du pressoir, & que pour
ménager les sacs qui pourroient créver par une pres-
sion trop subite, on ne les pressurera que de quatre
en quatre minutes. (Ces idées sont prises la façon
de tirer la cire.)

Dans la supposition qu'on puisse tirer des noyaux

une huile également utile pour brûler comme pour les fabriques, il veut qu'on écrase ces noyaux sous une *petite* meule pour les *réduire en pate*. Il recommande de mettre cette pate dans des sacs d'une grosse toile qu'on arrosera d'eau bouillante, qu'on les place ensuite chacun *en particulier* sous le pressoir, & que l'huile qu'on en tirera soit déposée dans des jarres, dont on ne la transvasera qu'après un mois.

(Page 98.) Sans compter plusieurs autres avantages que ce nouveau moulin doit avoir sur les anciens, son inventeur assure que chaque particulier auroit celui de s'en procurer un à peu de frais & de faire ses huiles, chez lui, avec la même facilité *qu'il fait son vin*. J'avois bien conjecturé que l'auteur finiroit par nous donner un fouloir à raisin, pour un moulin à huile.

Il ne me paroît pas nécessaire, peut-être il me seroit impossible, de relever toutes les fausses idées de ce nouveau moulin ; toutes ces expériences dont on l'étaye, toutes les observations, sont supposées. Elles sont toutes imaginaires. Quel est le Cultivateur, qui connoît l'olive & son produit, qui ignore que trois quintaux de ce fruit de quelque façon qu'on le fabrique ne pourront jamais produire 137 liv. 13 once d'huile ? & dans quel moulin de la vieille méthode trois quintaux d'olives en ont-ils jamais produit 112 liv. & 8 onces ? on peut pulvériser le bois des noyaux des olives séparé de leurs chairs, mais on n'en fera jamais une pate, & sept livres deux onces de cette pate, si elle étoit possible, ne produiroit jamais trois livres 14 onces d'huile ; jamais on n'a extrait d'huile d'olives de leurs amandes. Il n'est pas possible de séparer leurs chairs des noyaux en roulant les olives sur des cannelures, ni d'en tirer l'huile par ce moyen, & pourquoi ne transvaser ces huiles que 15 jours, & même un mois après leur fabrication ? ce seroit le vrai moyen de n'avoir que des huiles craffes, fétides, & puantes. Quelle eft cette efpece de bouteille pleine d'huile qui auroit été expofée en plein air pendant trois ans fans périr par les gêlées ? je ne crois pas que M. Sieuve, qu'un Marfeillois, qu'un homme qui connoît les olives, puiffe être l'auteur de cette brochure. Il ne tombe pas fous mon imagination qu'un homme qui a vu détriter nos olives vienne nous dire férieufement, *que chaque particulier puiffe faire fes huiles chez lui avec la même facilité qu'il fait fon vin*, &c. &c. (pag. 98.)

Pour détriter nos olives, nous nous fervons de moulins, dont le méchanifme confifte en deux preffoirs & une conque. Celle-ci eft un plan circulaire fait en pierre froide élevé de terre d'environ deux pieds, du milieu de cette conque s'éleve un arbre, qui tourne perpendiculairement fur fon pivot ; cet arbre eft traverfé par un effieu qui traverfe auffi par fon centre une meule, elle eft auffi de pierre froide, cette meule a un pied & demi d'épaiffeur par 15 pieds de circonférence. Elle s'appuye & roule verticalement fur la conque par le moyen d'un cheval qui eft relevé par un fecond & dans quelques moulins ce fecond eft relevé par un troifieme. Cette pierre, en roulant autour de fon pivot, écrafe en paffant une poignée d'olives que le conducteur du cheval fait gliffer avec une pelle fous cette pierre. Dans deux heures moins un quart, ou dans une heure & demi, une meule détrite environ 400 liv. d'olives. Ce que nous appellons une *motte*. Elle eft ordinairement compofée de neuf à dix mefures d'olives péfant chacune environ quarante-une livres. Après avoir paffé à différentes reprifes fous la meule, ces olives forment une pate qu'on met dans des paniers de *joncs*. Appellé *fcourtins*. On les place fous un preffoir les uns fur les autres en forme de colonne, on fait agir le preffoir

au

au moyen d'un levier & au moyen de la preffion on extrait l'huile. (On tire ces joncs des marais qui font près les embouchures du rhône.)

La premiere huile, dite huile *du Barron*, parce qu'on la tire au moyen d'une petite barre qui fait travailler le preffoir, eft l'huile *vierge*, la plus fine & la meilleure. On tire une autre huile au moyen d'une barre plus longue.

Cette huile eft encore très-bonne & peu de gens la féparent de la premiere. On releve enfuite le pref-foir, on en retire tous les fcourtins. Ils font ordinai-rement au nombre de 30 à 35, avec la main on remue, on adoucit la pâte qu'ils renferment, on les remet fous le preffoir, on les arrofe l'un après l'autre avec de l'eau bouillante, elle détache le peu d'huile qui étoit reftée dans le marc, & par une preffion nouvelle & plus forte que les premieres, on en tire une huile bonne; mais inférieure aux deux précédentes: voilà en général notre façon de tirer l'huile de nos olives: mais il eft queftion d'indiquer la meilleure ma-niere d'extraire cette huile tant pour la qualité que pour la quantité. Je vais expofer ma méthode; je la fuis, parce que je la crois la meilleure.

J'aime de préférence un moulin à deux meules. Ici huit hommes font uniquement occupés à faire aller les preffoirs : un Baille, homme toujours expérimenté dirige l'ouvrage & fept jeunes vigoureux font au bout d'un lévier de 15 à 17 pieds de long pour preffurer la pâte des olives, qu'on a mife dans des fcourtins fous le preffoir. On ne trouve pas cette même force dans un moulin à une feule meule, ni dans un moulin monté de trois ou quatre meules, les ouvriers trop épuifés ne peuvent fournir à tout avec la même vi-gueur.

Je ne détriterois pas volontiers dans un moulin à deux pierres, ou on n'auroit pas quatre preffoirs,

F

ou *vis* en état de travailler. Il est certain que pour
extraire l'huile sans confusion , il faut deux vis au
service d'une seule meule ; tandis que cette meule détrite les olives, on extrait au moyen d'un vis l'huile
vierge ; & de l'autre , l'huile *scaudade* : c'est l'huile
qu'on extrait au moyen de l'eau bouillante. Je fais attention que la robe soit neuve , & qu'elle n'ait jamais servi , qu'à pressurer des olives fraîches. Nous
appellons *robe* les scourtins qui contiennent la pâte
qu'on met sous un pressoir ; elle est *neuve* si elle n'a pas
servi les années précédentes. Dans ce cas elle gâte-
roit l'huile , elle lui donneroit infailliblement un goût
de rancissure , malgré les soins & les précautions qu'on
auroit prises pour la nettoyer. On n'emploie ces robes
surannées que pour l'huile commune.

Il faut qu'un moulin soit bien propre , il seroit à
desirer qu'on y eût pratiqué des magasins destinés à
recevoir le marc des olives au sortir du pressoir ,
dont il fut possible de les retirer ensuite sans passer
par le moulin. Ce marc est sujet à se rancir, l'odeur
désagréable de cette rancissure se communique facilement à l'huile qu'on fabrique.

On appelle cueillir l'huile lorsque lors de la fabrication on la sépare de l'eau & des autres ma-
tieres crasses.

Quand il est question de cueillir l'huile ou de
la transvaser, je me sers de la bougie, & je n'emploie jamais des lampes à huile ; parce que cette
huile quoiqu'elle soit fine, s'altere en brûlant, &
qu'elle prend du haut goût; si malheureusement on
venoit à verser de cette huile altérée dans une genle,
ou dans une pile remplie d'huile fine, elle seroit gâ-
tée, du moins elle perdroit beaucoup de sa bonté
& de son prix.

Par la même raison j'évite de mettre des lampes à
croc à l'arbre qui soutient la mule ni près des pres-

foirs : parce qu'il pourroit tomber de cette huile altérée fur l'huile qu'on travaille , & la vicier ; &
comme il est nécessaire d'éclairer dans la nuit les
ouvriers occupés à mettre les olives en pâte & faire
travailler les pressoirs , je pose mes lampes loin des
pressoirs & de la meule, de façon qu'elles puissent éclairer les ouvriers , sans qu'il y ait à craindre pour mes
huiles.

L'huile tombe des pressoirs dans des baquets , d'où
on la porte dans des vaisseaux bien propres destinés
l'un pour l'huile fine , l'autre pour l'huile *scaudade* ,
qu'on connoît sous le nom *d'huile entre deux sortes.*
On la confond & on la mêle trop souvent avec
l'huile fine. Après avoir laissé réposer mes huiles dans
ces vaisseaux l'espace d'une heure, il est facile de les
séparer des autres liquides que les olives ont produit.
L'huile surnage toujours , & avec une feuille de fer
blanc faite pour cet usage, je tire toute l'huile , que
je fais placer dans des piles ou dans des gerles uniquement destinées pour l'huile fine. Si on les avoit
remplies d'huile commune elles gâteroient l'huile vierge ,
qu'on y mettroit ensuite. Après avoir vuidé ces vases
j'ai la précaution de les bien laver avec de l'eau
chaude. Dès qu'ils sont bien propres , je leur passe une
couche de lait de chaux ou d'argile pour tirer de ces
vaisseaux tout ce qui peut y rester de parties huileuses , elles pourroient se rancir & gâter l'huile qu'on
y mettroit ensuite. Et lorsque la fabrication des huiles
nouvelles approche ; j'en tire cette chaux, cette argile , & je lave une seconde fois ces vases. Deux
ou trois jours après la *détritation* je transvase mon
huile toujours dans des vaisseaux bien propres , & je
la purifie de ses feces , de ses crasses & de quelque peu d'eau qu'on prend toujours en cueillant l'huile.
Je jette l'eau , je conserve la crasse & les feces de mon
huile dont je fais tirer parti.

F 2

Je mets fur ma conque du marc d'olives fraiche-
ment preſſurées, je verſe ſur ce marc les feces & la
craſſe de mes huiles ; je paſſe le tout ſous la meûle,
enſuite ſous le preſſoir, & j'en tire une huile fine
que je ne diſtingue pas de mon huile d'entre deux
ſortes ; & ainſi ſucceſſivement de temps à autre, ſans
attendre que les feces & les craſſes de mes huiles
ſe ranciſſent, elles ne fourniroient alors qu'une huile
commune.

Huiles communes.

Huiles communes. . . . . . c'eſt une huile viciée,
qui n'eſt bonne que pour les lampes, les fabriques,
les ſavoneries &c. . . . . cette huile ſe tire des olives
qu'on cueille à terre, ou qu'on laiſſe trop rouïr dans
les greniers, des olives moiſies, rancies, pourries.
L'huile qu'on en extrait eſt moins bonne, moins délicate, plus chargée de ſédiment & de flegme. On
tire une ſeconde huile commune qu'on appelle *huile
d'enfer.*

Les enfers, dans un moulin, ſont un vaiſſeau
dans lequel on laiſſe tomber les eaux, dont on a
tiré les huiles lors de la fabriquation. Ces eaux contiennent toujours quelques parties huileuſes, qui ſurnagent, parce qu'elles ſont plus légeres. Pour pouvoir profiter de l'huile qu'elles contiennent, on pra,
tique un tuyau recourbé qui part du fond des enfers-
& dont la courbure s'éleve juſqu'à un demi pied par-
deſſous l'embouchure du vaiſſeau. Après que l'eau,
qui tombe dans cette eſpece de récipient, la rempli
juſqu'au deſſus du niveau de la courbure de ce tuyaù,
comme les parties aqueuſes gagnent le fond des enfers,
tandis que les parties huileuſes ſurnagent, ces parties
aqueuſes ſe vuident, & s'échappent par ce tuyau à
meſure & à proportion qu'on verſe de l'eau dans les
enfers ; de façon cependant que l'huile, ſes feces ; ſa

trasse, & toutes les parties huileuses y sont conservées. On place les enfers près du fourneau ou on fait chauffer l'eau pour la fabrication des huiles, afin que la chaleur fasse mieux distiler les parties huileuses & qu'elles se séparent plus facilement des parties aqueuses. On doit tirer tous les huit jours ces huiles des enfers afin qu'elles soient moins mauvaises. Dans certains moulins on a pratiqué un second récipient qui reçoit les eaux des enfers, elles y déposent le peu d'huile qui avoit échappé du premier récipient.

Enfin on tire du marc des olives une derniere espece d'huile qu'on appelle *huile de grignon*. On laisse fermenter dans un endroit chaud le marc des olives, on le repasse ensuite sous la meule, on l'arrose d'abord sur la conque avec de l'eau bouillante, on le met ensuite dans des scourtins plus forts que ceux dont nous avons parlé, ils sont fait de cordes de jonquine qu'on tire d'Espagne. On arrose une seconde fois ce marc des olives quand les scourtins sont sous le pressoir & par le moyen d'un lévier beaucoup plus long, on en extirpe une derniere huile.

Dans bien des Communautés le produit du marc des olives entre dans les deniers publics, c'est un double avantage. 1°. C'est une imposition douce & dont personne ne souffre, tandis que le bien public en profite. 2°. On arrache ainsi à l'avidité de quelques propriétaires de moulins, l'occasion de mal travailler les olives des particuliers, dont ils repassent ensuite le marc où qu'ils vendent à d'autres marchands pour en tirer cette huile de grignon. On doit sentir tous les inconvéniens de cette liberté, ils sont réels. Je me dispenserai volontiers de les rélever.

Il faut convenir qu'il résulte aussi des inconvéniens de ces moulins du marc des olives au profit des Communautés sous prétexte d'avoir arrenté le droit de repaſſer le marc de toutes les olives du terroir, ou empêcher de ſortir de ce terroir les olives qu'on y a cueillies. C'eſt ainſi que les Citoyens ſont tenus de vendre leurs fruits aux Marchands du pays, qui trop ſouvent s'entendent entr'eux & ſavent profiter de cette eſpece d'eſclavage. Combien de fois n'a-t-on pas ſaiſi des olives qu'on portoit d'un terroir d'une Communauté dans une autre? Il eſt facile de remédier à ces abus en établiſſant des moulins à répaſſer le marc des olives qui ſeront détritées dans chaque Communauté.

Concluſion de ce Chapitre.

Je diſtingue donc trois ſortes d'huiles fines & trois ſortes d'huiles communes. La premiere eſt *l'huile ſurfine*, je la tire des olives cueillies un peu avant leur parfaite maturité, je les laiſſe fermenter deux jours tout au plus, après les avoir cueillies, je ſépare la premiere huile que j'en tire avec un petit lévier, de celle que je tire enſuite avec une barre plus longue, je repoſe cette premiere huile dans des gerles ou des piles dont je prends l'huile qui eſt au-deſſus, & je laiſſe celle qui eſt au fond de ces vaiſſeaux. Cette huile eſt la plus délicate & la meilleure qu'on puiſſe manger, peu de gens ſuivent cette méthode; parce qu'on en tire une moindre quantité d'huile.

La ſeconde huile fine eſt celle que nous appellons huile vierge on la tire des olives qu'on a fait rouïr 4, ou 5 & même 6 jours, ſoit pour faire exuder l'humidité ſuperflue, ſoit pour échauffer les olives, afin que l'huile ſe ſépare plus facilement des parties aqueuſes qui ſont dans l'olive, cette huile s'extrait des olives avant qu'on ait employé l'eau chaude.

Par le moyen de cette eau bouillante on tire une troiſieme huile fine : mais beaucoup inférieure aux deux premieres, avec leſquelles on ne devroit jamais la confondre ni la mêler. C'est *l'huile entre deux sortes.*

. Les *huiles communes* se tirent des olives qui sont tombées à terre, de celles qu'on a cueillies sur l'arbre & qu'on a laissé fermenter trop long-temps, ce que nous appellons *rebouillir.* Dans certain pays de la Provence on se persuade que plus les olives restent entassées les unes sur les autres, plus elles s'échauffent & qu'elles rendent une plus grande quantité d'huile. Bien des gens sont revenus de cette erreur; & c'est un fait plusieurs fois expérimenté que le même nombre de mesures d'olives qu'on a eu soin de laisser échauffer pendant 4 à 5 jours rendent autant d'huile, que celles qu'on a laissées rébouillir quinze ou vingt jours, après les avoir cueillies. Toute la différence qu'on trouve dans ces deux tas d'olives c'est que celles-ci ne donnent qu'une huile forte & désagréable; tandis qu'on extrait des autres une huile douce, fine & très-agréable au goût. C'est une expérience que j'ai faite quelquefois contre mon gré: mon moulin ne pouvoit pas détriter toutes les olives cueillies depuis 5 à 6 jours. J'abandonnois un ou deux tas d'olives qui restoient jusqu'à la fin de la récolte pour être détritées après la fabrication des huiles fines. Ces olives restoient 15 ou 20 jours entassées, elles étoient bien chaudes quand je les mettois sous la meule, elles avoient sûrement bien fermenté, n'importe constamment j'ai observé que cent émines d'olives ainsi fermentées & pourries ne me donnoient pas plus d'huile que cent autres émines que j'avois détritées cinq jours après les avoir cueillies. De là je conclurai que la meilleure maniere d'extraire l'huile des olives tant pour la quantité que pour la qualité consiste à commencer d'en faire la cueillette au commencement de Novembre, à les laisser échauffer dans les greniers quatre à cinq jours avant de les détriter, à les mettre en pâte ſous une bonne meule , dans un moulin bien propre ; ou huit hommes ſoient uniquement occupés à paſſer au preſſoir les olives détritées par deux meules : à ſéparer toujours *l'huile vierge* de l'huile *ſcaudade* ; à les répoſer dans des vaiſſaux bien propres & bien conditionnés. Voilà les conditions les plus eſſentielles pour avoir de la bonne huile , & en plus grande quantité. J'ai déja fait connoître l'huile des enfers , & l'huile des grignons ; elles compoſent les huiles communes de la ſeconde & troiſieme eſpece.

Il me reſte encore un objet à remplir , j'ai à fournir une notice des divers noms qu'on donne à chacune des eſpeces d'olives qu'on cultive dans les différens lieux de la Provence.

ARTICLE DERNIER.

Des différens noms , qu'on donne à chacune des eſpeces d'olives qu'on cultive dans les différens lieux de la Provence.

M. Sieuve prétend (Pag. 6 & ſ.) que nous ne connoiſſons en Provence que ſix ſortes d'olives, en y comprenant le plant ſauvage. Il diſtingue mal-à-propos le *plant d'Aix* , du plant *Aglantau* , qui ne ſont qu'une ſeule & même eſpece, ils ne différent que par le nom.

La premiere eſpece dont il parle eſt celle du *plant Sauvage* nommé *petoulier.*

2°. du *plant d'Aix* ;

3°. du *plant d'Eiguieres* ;

4°. du *plant Saurin* ;

5°. du *plant de Salon* ;

6°. du *plant* nommé *Daglantau.*

Cet Auteur ajoute , ſans garants , que nos anciens

nommoient celles du plant Sauvage. . . . *Pausianes* ;
du plant d'Aix. . . . . *Licinianes* ;
du plant d'Eiguieres. . . . . . *Sergies* ;
du plant Saurin. . . . . *Orchites* ;
du plant Salon. . . . . *Algianes* ;
du plant d'Aglantau. . . . . . *Nevianes.*

Il nous reproche d'avoir laiffé perdre quatre autres
efpeces connues encore aujourd'hui dans le Royaume
de Naples, fous le nom de *cominies*, *conties*, *mur-
tiennes*, & *culminianes.*

M. la Brouffé ne connoit que ces fix fortes d'o-
lives. Il croit que notre *plant d'Aix* eft dénommé en
Languedoc *plant de Coias* ;
2°. le *plant d'Eiguiere* . . . . *Vermilliau* ;
3°. le *plant de Salon.* . . . . . *Boutinian* ;
4°. le *plant Sauvage.* . . . . *Saugen* ;
5°. le *plant d'Aglantau.* . . . . *Redounau* ;
6°. le *plant de Saurin.* . . . . *Picholine.*

(*) L'Encyclopédie nous fuppofe plus pauvres encore, on n'y donne à la Provence que l'*olivier picholine*, l'*olive noire*, l'*olive blanche*, la *petite olive
ronde*, & l'*olivier fauvage*, aux branches garnies
d'épines.

Ces Auteurs n'ont pas connus toutes nos richeffes,
il n'eft pas poffible de nombrer les différentes efpeces
d'oliviers que nous cultivons, moins encore de rap-
porter tous les noms qu'on leur donne dans les divers
pays de la Provence. Je puis dire de cet arbre ce
que Virgile dit de la vigne :

*Sed neque quam multæ fpecies, nec nomina quæ
fint eft numerus.* Georg. 2me. liv.

Voici une lifte, faite par un Botanifte Provençal.
Elle m'a été fournie par M. Campis Me. Apoticaire
de Salon.

_____

(*) Voyez Enclyclop. mot olivier. N°. 1°. & N°. 3°.

1°. Olea , fructu oblongo minori ;

2°. Olea , fructu maximo ;

3°. Olea , fructu majori , carne crassâ ;

4°. Olea , fructu oblongo , atrovirente ;

5°. Olea sativa , major , oblonga , angulosa , amigdali formâ ;

6°. Olea media , oblonga , fructu corni ;

7°. Olea maxima subrotunda ;

8°. Olea media , rotunda , precox ;

9°. Olea minor , rotunda , racemosa ;

10°. Olea latiori folio , fructu albo ;

11°. Olea minor , rotunda , rubo-nigricans ;

12°. Olea minor , rotunda , ex rubo & nigro variegata ;

13°. Olea Silvestris , folio duro subtus incano ;

14°. Olea Silvestris , folio molli incano ;

Je vais donner une notice de ces différentes especes d'olives , pour qu'on puisse plus facilement les reconnoitre , & distinguer les unes des autres.

(*) L'espece N°. 1 , est celle qu'on confit à la picholine connue sous le nom de Saurine , c'est très-improprement qu'on la nomme aussi Pischolini , du nom d'Antoine & d'Amant Pischolini , qui nous ont appris à les saler d'une maniere particuliere. Elles sont excellentes à manger , & se débite dans les quatre parties du monde ; on les transporte sans qu'elles se gattent. Outre la saurine , & à son défaut , on sale encore à la picholine le plant d'Eiguieres , le grossan , le plant d'Espagne , le plant de Salon ; mais ces dernieres ne sont pas de si bonne garde & elles sont moins belles , que les saurines. Cette espece se cultive avec succès sur les bords de la mer de Mar-

_____

(*) 1er. Espece : Saurine , Plant-martegau , Picholine , Vermillau.

figues, dans les terroirs de St. Chamas, Miramas, Istres, St. Mitre, le Martigues. Et encore dans le terroir d'Arles surtout à Fontvieille où on l'appelle vermillau. On peut dire que le faurin est le roi des oliviers, il en est le plus gros & le plus riche; il charge d'une manière prodigieuse. On en trouve qui donnent vingt & même vingt-cinq émines d'olives. C'est aussi l'espece la plus gourmande, & la plus fainéante; il aime la terre douce, grasse, & humide. S'il est planté dans un terrain sec & maigre, il languit & ne porte presque point du fruit. Dans plusieurs pays de la Provence on ne connoît point cette espece, & on donne son nom à la *verdale* dont nous parlerons au *numero* 4. & au *plant de Salon* qui est le *numero* 6. il est facile de distinguer ces deux especes, de la première; le faurin est deux fois plus gros que les deux autres, il leve vers le ciel des branches altieres, & elles plient facilement quand elles font chargées; il donne un fruit lisse, d'un beau verd & pointu: la verdale au contraire à ses branches, & ses rameaux cylindriques, son fruit est granelleux; & le plant de Salon porte toujours ses rameaux droits, ils se cassent plutôt que de plier sous le poid, & son fruit est obrond.

(*) L'espece Nº. 2., se trouve dans plusieurs vergers d'oliviers du terroir d'Aix, elle n'étoit pas rare à Marseille & le long de la côte, c'est la plus grosse, & la plus amere de toutes les olives. On la connoit sous le nom d'*olive d'Espagne*, de *plant d'Eiguieres de la grosse espece*; c'est l'olivier à très-gros fruit.

(**) L'espece Nº. 3., est une olive reprouvée de-

_____

(*) 2me. Espece: *plant d'Espagne, plant d'Eiguieres de la grosse espece, l'olivier à très-gros fruit.*
(**) 3me. Espece *Triparde, Grossau, Olivier-royal, Olivier à gros fruit tres-charnu.*

puis long-temps, & avec juste raifon. Elle eft d'un fort mauvais goût quand elle eft falée ; elle tombe avant que celles des autres efpeces foient mûres, & le peu qui refte fur nos arbres fournit beaucoup plus de fece que d'huile. On les ente, & on les force ainfi à donner du fruit d'une autre efpece, on la nomme olive *triparde*, *groffau*. C'eft le fruit de l'*olivier royal* ou olivier *à gros fruit très-charnu*. Cette efpece étoit autrefois fort commune en Provence, mais par le moyen de la greffe elle y devient toujours plus rare.

(*) L'efpece N°. 4., porte un fruit d'un verd foncé connu fous le nom de *verdale*, *plant d'Eiguieres*, on l'appelle auffi *cafe*, *olive pounchude* & dans certains endroits *Saurine* ou la *faurenque*. Il faut néceffaire-ment la diftinguer de l'efpece N°. 1, qui eft un ar-bre deux fois plus gros, dont les branches s'élancent vers le ciel ; celui-ci au contraire a fes branches, fes pouffes inclinées vers la terre, voyez la différence de fon fruit au N°. 1.

(**) L'efpece N°. 5, eft le *plant d'Aix*, qu'on ap-pelle auffi *pounchude*, *cu-pointu*, *blanquet*, *caianne*, ou l'*amelau*. C'eft le grand olivier franc, fon fruit de la forme d'une amande eft d'une très-bonne pro-duction, il donne l'huile la plus fine, on croit affez communement que cet arbre craint moins les hivers rigoureux. C'eft pour cette raifon que les pays les plus froids de la baffe-Provence font prefque unique-ment complantés de cette efpece. M. la Brouffe, & M. Sieuve diftinguent mal-à-propos cette efpece de l'*Aglantau*, c'eft véritablement la même.

(*) 4me. Efpece : *Verdale, plant d'Eiguieres, Cafe, Olive d'un verd foncé, Saurine, Pounchude.*
(**) 5me. Efpece : *plant d'Aix, Pounchudo, cu-pointu, Blanquet, Berruguet, Caianne, Amelon, Aglandau.*

(*) L'efpece N°. 6, produit une huile fine, & en très-grande abondance. Elle porte un fruit de la forme d'un *curni* (c'eft le fruit du corneillier) comme lui, il eft d'un beau rouge dans fa parfaite maturité. Je puis dire que c'eft ici l'efpece la moins gourmande, & la plus égale dans fa production. Plantée dans un terrain fec, maigre, peu cultivé, elle ne laiffe pas de porter du fruit; & dans nos triftes récoltes nous tirons de cette efpece, le peu d'huile que nous recueillons. Auffi elle eft la plus univerfellement cultivée dans cette Province. C'eft le *Corniau*, on l'appelle *plant de Salon*, ou la *Salone*, elle eft connue dans quelques pays fous le *nom de Saurine*, voyez-en la différence dans le N°. 1.

(**) L'efpèce N°. 7, eft connue fous le nom de *Redouneau*, *Sauzet*, *Barralenque*; elle porte un gros fruit arrondi, qu'on appelle *l'Ampoullau*. Cette olive devient noire quand elle eft mûre. Elle eft des plus eftimées pour faler, lorfqu'elle eft parvenue à fon dernier point de maturité.

(***) La 8me. efpece eft l'olivier précoce à fruit rond, de moyenne groffeur, de couleur noire quand il eft mûr. C'eft la *Negrone*, le *Negron*, le *Moureau*. On fent qu'il tire toutes ces dénominations de fa couleur noire. On l'appelle auffi *Barralenque* comme la précédente.

(****) L'efpece N°. 9, eft très-abondante dans le ter-

---

[*] 6me. efpece, *Plant de Salon*, *Salone*, *le Corniau*, ou *Curni*.

[**] 7me. Efpece, *Redounau*, *Sauzet*, *Barralenque*, *Ampoullau*.

[***] 8me. Efpece, *Negrone*, *Negron*, *le Moureau*, *Barralenque*.

[****] 9me. Efpece, *Grapugnette*, *Ribier*, *Ribierete*, *Trenete*, *Bouteillau*.

roir de Marseille, on l'appelle *Ribier*, *olive Ribierete*, *Grapugnete*, *Trenette*, *Bouteillau*. Cet arbre porte plusieurs olives sur une même queue, en forme de grappe de raisins. De là le mot de *racemosa*, en latin; & *rapugèto*, en notre patois. On trouve de ces olives en grappe, qui sont rondes, d'autres qui sont oblongues. Il est même des oliviers, mais ceux-ci sont rares, qui après avoir porté de petites olives en grappe donnent l'année d'après des olives rondes parfaisement semblables à celles du N°. 8.

(*) L'espece N°. 10, devient toujours plus rare par le moyen de la greffe, elle donne un *fruit blanc*. Il est si délicat, qu'on ne peut ni le saler ni le confire. Sa production est si foible que ceux qui le recueillent, ne trouvent point de Marchands pour les vendre. On les appelle *olives vierges*, *olives blanches*, *olives-mau-belles*, j'en ai vû quelques plants à Château-neuf-les-Martigues.

Je ne trouve guère de différence entre la onzieme & la douzieme espece; elles sont connues indifféremment sous le nom générique de *rougete* ou de *redounaux de la petite espece*, la *rougete* ou *petits redouneaux*.

(***) L'espece onzieme est l'olivier à petit fruit rond d'un rouge-noirâtre appellé le *Salierne*. L'autre espece porte un petit fruit rond panaché de rouge & de noir. On lui donne le nom de *pigau*.

---

[*] 10eme. Espece, *Olive blanche*, *olive vierge*, *olive mau-belle*.

[**] 11eme. & 12eme. Especes, *Petit Redounau*, *Redounau de la petite espece*.

La 11me. Espece le *Salierne*.

La 12eme. Le *Pigau*; la *Rougete*.

Olivier sauvage.

(**) Le N°. 13 , est d'olivier sauvage , il croit naturellement dans ce pays. Il est plus petit que l'olivier franc. Son bois plus dûr , & plus noueux donne des pousses plus courtes presque annuellement chargées d'un fruit si petit & d'une production si foible , qu'on ne prend pas la peine d'en ramasser les olives ; elles ne dédommageroient pas des frais de la cueillette. Cette espece est rare parce qu'on a soin de l'enter, il se multiplie spontanement par noyaux. Ceux des olives franches ne poussent pour l'ordinaire que des sauvageons. Leurs rejetons , s'ils partent par-dessus la greffe , sont d'une espece franche : mais ceux qui viennent de plus bas sont sauvages.

La seconde espece d'olivier sauvage , est une espece d'arbre stérile connu sous le nom de Saule odoriférant que le vulgaire appelle Saule de Paradis. Histoire des Plantes de Claude Proft , tom. 2. p. 828.
» Cet olivier fait une tige branchue qui a la feuille
» comme l'agnus-castus, mais molle & l'anugineuse,
» une fleur blanche qui sort par les branches de
» degré en degré près de la queue des feuilles ,
» d'odeur assez plaisante, de laquelle il ne sort au-
» cun fruit. Il s'en trouve en quelques jardins de
» France. « Voilà au naturel le *Saule de Paradis.*
Cet arbre a ses branches garnies d'épines , il prend par bouture comme par marcote. C'est peut-être ce qui a donné lieu de croire que l'olivier sauvage est épineux , qu'il se multiplie par marcote & par bou-

[*] 13me. Espece Olivier sauvage *Olivaftre* , *Petoulier.*
[**] 14me. Espece , Saule de Paradis

ture ; erreurs, qui fe trouvent répétées dans prefque tous les livres, qui parlent de l'olivier.

Nunc tam culta tam opima funt Provinciæ oli-veta, ut eam palmam nulli locorum fimus concef-furi.

FIN.

EXPLICATION DES FIGURES.

L'arbre N°. 1. eft un olivier vigoureux & fertile, monté fur trois pieds (a) il ne feroit pas utile à l'agriculture, ni de l'intérêt du propriétaire de le réduire à un feul pied.

L'arbre N°. 2. eft un olivier négligé dans les tailles précédentes. Pour réparer un défaut principal, j'abat la branche-mere (a), qui monte perpendiculairement au milieu de deux branches latérales. (b) J'ai voulu profiter de fes fruits; pour la forcer à charger, je l'ai couronnée. (c) Je la coupe au mois de Mars, après la récolte, non pas à la couronne (c) mais le plus proche qu'il m'eft poffible des deux branches reftantes à la marque (d).

L'arbre N°. 3 eft un olivier ravalé, dont j'ai abattu les branches qui montoient trop haut (a) j'ai eu foin de les tailler près des jeunes pouffes (b) qui doivent les remplacer & qui étant plus jeunes donneront plus de fruit & des pouffes plus vigoureufes qui formeront dans peu un bel arbre orné de nouvelles branches.

L'arbre N°. 4, eft un olivier circoncis (a). Un arbre trop vigoureux qui fournit de longues & belles pouffes, & abandonne fon fruit; fi on circoncit fes branches à coup fûr il porte avec abondance : mais l'arbre en fouffrira.

L'arbre N°. 5, eft un olivier couronné, que j'ai greffé à écuffon. C'eft ce que j'appelle enté à couronné. (a)

L'arbre N°. 6, eft un olivier qui a plufieurs branches hautes, relevées, & depuis long-temps épuifées. Elles font fans vigueur & ne travaillent ni en bois, ni en fruit. Il faut le ravaler-à-peu-près comme l'arbre qui eft le N°. 3.

G

L'arbre N°. 7, repréfente un olivier maltraité à tous égards. le pied mort (*a*) le tronc fec (*b*) fur lequel eft la branche (*c*) qui forme tout l'arbre, les chicots y (*d*) les onglets (*e*) qu'on trouve partout ; demandent qu'on le coupe jufqu'à la fouche, à quatre ou fix pouces dans la terre, pour qu'elle donne des rejetons, qui pourront le remplacer avec fuccès.

N°. 8. Sont de jeunes rejetons, qui partent d'une fouche d'un arbre coupé. D'abord on pourroit léver 3 plançons (*a*) & laiffer l'arbre monté fur quatre pieds. Quand ils feroient plus gros on le mettra fur deux pieds feulement (*b*); les deux autres (*c*) feroient propres pour être tranfplantés à demeure.

Le N°. 9 eft un olivier monté fur trois pieds; depuis quelque tems j'en préparois un à être levé. Je l'ai couronné pour profiter de fes fruits qu'il donnera en plus grande abondance.

Le N°. 10 repréfente un olivier monté fur trois pieds, dont on a coupé un (*a*) pour le tranfplanter. C'eft ici la meilleure maniere de multiplier l'olivier avant de le placer à demeure; je le couperai à la marque. (*b*)

L'arbre N°. 11 eft un olivier dont on a coupé une branche-mere d'une maniere affez unie au tronc pour que la plaie (*a*) foit bientôt guérie, ainfi que les plaies (*b*) des rameaux abattus.

L'arbre N°. 12 eft un bel olivier monté fur un feul pied depuis long-temps taillé par une main habile.

L'arbre N°. 13. eft un olivier qui a des vieux chicots (*a*) qu'il faut couper plus proche du tronc, afin que la feve & l'écorce viennent au fecours des plaies, & qu'elles fe guériffent. Si je néglige de les couper ils occafionneront des chancres qui dans la fuite feroient languir & même périr ce bel arbre.

Le N°. 14, eft un olivier bien négligé, mais il eft fufceptible d'être bientôt remis. Il faut couper

proche du tronc le chicot (*a*) & abattre la branche
(*b*) qui s'éleve perpendiculairement. Il eſt à eſpérer
que les branches voiſines (*c*) feront plus vigoureuſes &
qu'elles formeront un bel olivier.

Le N°. 15, repréſente le pied d'un arbre planté
depuis une année qui a réuſſi avec ſuccès & auquel on
a laiſſé toutes les petites branches qu'il a pouſſées.

Le N°. 16 repréſente un jeune olivier de deux ans
dont on a abattu les pouſſes baſſes.

Enfin le N°. 17 repréſente un jeune olivier de
trois à quatre ans dont il faut abattre un morceau
du bois vieux à la marque (*a*) pour ne laiſſer que
quatre rameaux (*b*) qui doivent former les branches-
meres de l'arbre.

18 La branche coupée (*c*) eſt ce morceau du bois
vieux avec ſes petits rameaux qu'on ſuppoſe devoir
être coupé au jeune olivier N°. 17.

F I N.

CPSIA information can be obtained
at www.ICGtesting.com
Printed in the USA
BVHW03*1055210618
519642BV00005B/25/P

9 781169 102354